こどもと自然

公益社団法人 こども環境学会
小澤 紀美子 編著

こどもと自然

目次

はじめに

本書のねらい

かつて日本のこどもたちは、森の中や川の中で身体を思う存分使って遊ぶことができていた。寺社の境内は都会に残された森であり、居住地の近くには川や野原が多く存在していた。しかし、いつからかこどもの遊び場は寺社の境内から公園などと限定的な場所に変わってきた。すなわち、公園以外の遊び場はことごとく失われてきたのである。

本双書では、こども環境学会が設立された当初から今も問われている課題である「こどもと自然」について、こども環境学会誌でおこなわれた対談を取り入れながら再焦点化していくことをめざしている。

こども環境学会は公益社団法人として組織をより社会に対して発信できるようにし、今や学会会員は1000人を超えている。こども環境学会としてこどもの成育環境をより良くしていくことが学会の使命と捉え、将来的には双書として発行していく一環として、まず、「こどもと自然」

を取り上げていきたい。

特に日本の自然には海外には無い多様性があり、そこには人と自然とのかかわりから醸成されてきた文化も含めて日本人の行動や心象に色濃く投影されている。そうした文化的視点も基底に置きながら進めていきたいと考え、双書刊行の第一歩としたのである。

2004年にこども環境学会が設立され、第3回の関西大会（2006年）では、『こどもと自然』というテーマで大会が実施された。大会の国際シンポジウムで、コーディネーターの汐見稔幸氏は次の3つの論点で展開したい、としている。

1つは、学習対象としての自然。さまざまな学習の素材を与えてくれる自然で、自然を知れば知るほど自然への愛着が湧き、自然をいつくしむ心もその過程で育まれるのである。

2つ目は、こどもを育む自然。自然とのかかわりや交渉の中でこどもの持つ力が引き出される。自然は高いフレキシビリティを持つがゆえに、多様な見立ての対象になり、遊びを誘発するのである。こどもの筋肉、脳、五感は自然とのかかわり合いの中でその活発さを増していく。

3つ目は、共生するものとしての自然。人間は自然とともに生きていかざるをえず、自然とともに生きていくためには、その育ちの中で自然がどのようにかかわることが必要なのかを議論したい、としている。

1つ目の自然学習、自然教育は学校教育では1989年に学習指導要領が改定になり「生活科」が新設された。小学校低学年の理科と社会が廃止され、1992年から小学校の1、2年生で生活科が全面実施されたのである。体験を重視していくこと、児童の個性を重視していくこと、学校と家庭や地域と連携していくこと、として進められたのである。

「自然」を学ぶことや体験することは、3年生以上になると「環境教育」として多く取り入れられているが、本稿では「自然教育」「野外教育」を主眼とするものではなく、2つ目の「こどもを育む自然」という視点に焦点をあてて述べていきたいと考えている。

一方、3番目の「問い」に大会にパネラーとして参加していた米国からのパネラーのフェイトン・ベン・アブドゥラシス氏は、「こどもと健康と発達に対する自然喪失の影響」というテーマで講演を行い、その中でR.Louv著の「Last Child in the Woods（森の中の最後のこども）」（米国、2005年）を紹介し、『自然欠乏症候群』として、「子どもは自然と関係をもつことによって注意力欠陥障がいの症状が有意に減少すること」「自然との分離は子どもの知力や幸福に逆影響をもたらす」と述べており、2つ目の主題と絡めて展開していきたい、と考える。

なお、「こどもと自然」に関して出版されている本としては、河合雅雄著『子どもと自然』（岩波新書）がある。1990年初版で、まさにこどもを取り巻く住環境が変容をはじめたころである。

1990年6月、筆者は地域の方々と研究会を3年間続け、「すべての子どもはよりよい住環境で育つ権利をもち」「住環境は直接的、間接的に子どもの発達に影響する」として『キッズプレース―居ごこちよい子どもの住環境』（萌文社）を出版した。

その中で、こどもの発達における住環境の意味を「緑・水・土・太陽・月・星そしてさまざまな生き物は人間にとっての仲間であり、住環境の中の自然はこどもの生活にゆとりと潤い与え、より深い自然とのかかわりは人間としての豊かな感性を育み、生命の大切さを学ぶ」として内容を構成している。

日本ザルの研究者である河合雅雄氏は著書『子どもと自然』の中で、「子どもを取り巻く環境から、ますます自然がうしなわれつつある現代、ヒトの子育てもさまざまな新しい問題に直面している。人類学の立場から、サルの社会とも比較しつつ、自力で生きる能力の衰退、家族の変容など現在の状況を踏まえて、人間の発達にとって自然の果たす役割と、これからの教育はどうあるべきかを考える」として出版したと述べている。

「わが国ほど豊かな自然に恵まれた国は少ない。しかも、四季のめぐりにしたがって、自然は変化に富んだ装いをみせる」「自然から学べ、あるいは自然を理解しようという言葉がよく使われるが、論理的思考に基づいて自然と接するのではなく、まず、自然の中に包まれ、体にしみこむごとく自然を感じとることが大切なのだ」と述べる。

太陽は美しく
すばらしく
力強い
その光は
地上をてらし
生きとし生けるものを
よろこびにみたす
太陽が地上を
金の光でてらすから
草や木　虫　鳥

人　けもの
そして魚さえも
生きていられる

〈「太陽」『堀　明子詩集』より〉

この詩は、堀明子さんが小学4年生の夏に詠んだ詩である。日本の季節の細やかな変化を読み取る豊かな感受性が読みとれる。「ナチュラリストであり続けたい」と願って、野の花、草や木、空や雲、虫や鳥の声など身近な自然にやさしい眼差しをむけていた少女にとどまらず、日本のこどもたちは四季の恵みを感知しているのである。

作家の高橋のぶ子さんは『ほとほと　歳時記ものがたり』（毎日新聞出版）の出版記念と文化功労者受賞の記念講演（「季節と日本人」）で、「日本の美の根底には、四季が巡る感覚がある」とし、さらに「日本人の美意識と季節は、密接に関連している。………必ず四季は巡ってくる、（春の）みなぎる若さだけでなく、（秋や冬の）衰え、ほころび、廃れてゆくものに、日本人は見出す」とし、「木の年輪に西洋人がデザイン的な美を感じるとすれば、そこに年月や時間を感じて受け取るのが日本人の美意識でしょうか」と述べている（毎日新聞2019年3月4日）。こうした感覚も日本人、とりわけ若者やこどもの感性から失われていくのであろうか。

そこで、本書では3・11以降にこども環境学会が取り組んできた東日本大震災や福島県のこどもの成育支援を長く実施してきているが、そうした実践を通して得ることができた見解も紹介し、さらに福島県やその他から得ている保護者や保育士・幼稚園教員からも得てきているこどもの豊かな成長を願い、こどもの声に耳を傾けて「聴く」学会として発展していきたいと願い、学会誌でも取り上げてきた「こどもと自然」にかかわる対談なども紹介し、学会としてのよりよいこどもの成育環境の醸成に貢献していきたいと考え、出版に至っている。

なお、本書の「こども」の表記は次のようになっている。
編著の記述分はすべて「こども」と統一し、他の方からの引用は、「子ども」として表記している。

第1章　こどもと自然のふれあいの変容

こどもはその成育過程においてさまざまな体験や経験を積み、また多くの人とのかかわりから共感性や感受性を育み、自我や個性をのばしていく。さらに「遊び」や「屋内外での活動」を通して危険察知能力や危険回避能力を高めていく。したがってこどもには人間として豊かに育つ住環境が保障されていなければならない、と考える。

しかし高度情報・消費型社会において、こどもの環境は物質的には恵まれてはいるが、こどもは「内なる自然」を閉ざし、「小さな時期から建物ごと、場面ごとの役割を演じながら都市で生きている」(1)とも言える。

2006年、関西で開催されたこども環境学会大会のテーマは、「こどもと自然」であった。そこで登壇いただいた﨑野隆一郎（ハローウッズ　森のプロデューサー）さんは、「こどもと自然」

に対し次のように述べている。

「現代の子どもにとって自然とは？　と問われたら、ちょっと考え込んでしまうくらいに、私には今の子どもと自然の結びつきが見えてこない。ふた昔以前の子どもたちであれば、自然が遊び場であり、遊具だった。その遊び場、遊具が森で昆虫、草花、鳥だったり、川で水生昆虫や魚だったり、海や貝や魚だったりした。

それらは楽しいだけでなく、ときには理不尽な仕打ちさえも子どもたちに与えてくれた。子どもたちはその理不尽な自然との付き合い方の中でたくましく育っていったし、その理不尽さとの付き合い方を教えてくれるガキ大将や村の年寄りたちがいた。

今、昔がよかったと語り合うより、今を生きる子どもたちに私たちがどういう風に自然を紹介し、遊び方、自然との付き合い方を教えてあげられるのか、語りたい。

私のように自然を語るプロよりも、子どもたちにいつも接している地域の大人たちや一番身近なお父さん、お母さんの自然に対する一言が子どもたちが自然好きになるか否かに重大な影響を与えている。すなわち子どもと自然で大切なものは、それを語り教えてくれる素敵な大人の存在に他ならないのである。素敵な大人がいっぱいいる社会、時代は子どもたちに多くの夢を与え、すてきな時代を築けるのではないだろうか。」

そこで本書では、次の世代を担うこどもたちのために、今の大人、我々ができることについて考えていきたいが、その第一弾として、こどもの成育環境の変容を知っておきたい。

まず、2つの観点からこどもの自然とのふれあいの変容を述べてみたい。

1つは、こどもの育ちにおける自然体験や野外活動・体験の積み重ねによってこどもの「内なる自然」(注)を豊かにし、そのことが子どものライフスキルの向上につながること、である。

2つ目は、こどもの豊かな遊びや体験が「学び」の基礎、つまり「土壌を耕やし」、学びの意欲を育んでいくことを考えていくこと、である。

1. 関係破壊と環境破壊

「すべての子どもはよりよい住環境で育つ権利」をもち、「住環境は直接的・間接的に子どもの発達に影響を与える」という視点から、「子どもの固有の空間要求を満たし、子ども目線と感性で捉えた」地域や都市づくりが求められていると、1988年から始めた研究活動の成果を仲間とともに『キッズプレース』という本として出版した(2)。

こどもの「心と体の歪み」を警告した本で、当時、所属していた日本居住学会会長の磯村英一さんと本城和彦さんに勧められて米国シアトル市にあるワシントン州立大学で開催された国際会議に出席した。その時の会議名"Kids Place"を本の表題にしたのである。

そうした経験を経て2004年のこども環境学会の設立に参加したのである。

高度情報型社会にあって、こどもは多様な消費行動が可能になっている。大人と同じ服装や振る舞いが可能になってはいるが、都市化の進展は、こどもから多くの自然空間を奪い、身近な自然体験を重ねていくことすら厳しい状況になっている。さらにこどもの身体的特性に配慮した物的施設や道路空間、まちづくりが行われず、こどもたちは常に危険にさらされ、そのことで保護者は日々、不安を増しているのである。

一方、都市のこどもを農山村や海辺あるいは無人島などで自然体験や生活体験の場が公共や民間から提供されてきてはいるが、こどもの「内的世界」をゆさぶる保障はない。

さらに地域社会での人間関係の希薄化は、地域のもつ教育力をも衰退させ、こどもたちの遊び仲間や友達との交流にも変化がおよび、地域のこどもの集団遊びの姿も見かけなくなってきている。

地域でこどもと大人との交流がないことは、こどもの人との関係づくりの能力をも衰退化させることになり、ゲームや情報機器という仮想社会での遊びはこどもの生活世界からリアリティを奪い、現実逃避のこどもを生み出しているといえる。

こどもは成長にともなってテリトリーを広げていく。乳幼児期には住まいという私的な空間内にあって、こどもは親を拠点として行動範囲を広げ、さらに外遊びを通して人と人との関係性や社会性を獲得していく。

1970年代には、住まいの周りはこども遊びのための道や路地的空間、寺社、空き地などの地縁的・中間領域的空間に囲まれていた。こどもたちには、そこでさまざまな出会いや人・こととのかかわりを生成する環境があったのである。

しかし今や、一歩外へ出ると荒々しい外部空間がむき出しで、大人や異世代がこどもと豊かな交流を生み出すコモン（共）としての空間（コミュニティ）は喪失してしまっている。

こどもは貧弱で人と人とのかかわりを拒否するような空間に押し込まれてしまうと、疎外感や嫌悪感を空間に対してだけでなく、そこを管理する大人に対しても抱くようになる。

高度経済成長期以降の日本社会は効率化を重視し、社会システムの分断化をはかり、こと・モノの消費に価値がおかれるようになってしまっている。分断化は関係性を断つことである。生活世界から全体性が喪失し、こどもの生活世界は人工物で囲まれ、こと・モノの消費を中心に広がるが充足感は得られず、「つくられた欲望」の呪縛から逃れられずにいるのではないだろうか。

間接的な体験や経験のなかでこどもの興味の対象は狭まり、「自己への信頼度」も萎え、自信を失っていく。他者や自然とのかかわりが希薄化するなかで社会や大人の枠にとらわれ、あるいは親の期待に添う「良い子」であろうとしている。

また地域の中でこども同士だけでなく、大人をふくめ多様な他者とのかかわりが困難な状況下で、人と人との関係づくりが下手になってきているのではないだろうか。しかし本音の部分では、こどもたちはつながりを求め、仲間を求めているのである。だからこそ友だちや仲間がいる学校に行き、コンビニエンス・ストアなどの店の前でたむろしているのである。

少し古い調査ではあるが、委員としてかかわっていた中野区で実施した中・高校生の「居場所調査」（中野区『中野区子ども白書：子ども再発見―21世紀を生きる人たちへ―』（1996年）をみると、中学生は自宅で過ごすことが多く、高校生になると寄り道をして自宅へ帰るとなっている。同じように地方都市で調べてみると、寄り道場所はコンビニエンス・ストアで毎日、寄るので店員さんより商品の並べ方に詳しくなったという話を聞いたことがある。現代では公共的な施設や図書館が有名なカフェ風に設計されていて、自分だけの世界に浸ることが可能となっているが、当時は、「管理された雰囲気は魅力を感じない」という意見が寄せられていた。

さらに高度情報社会がこどもの直接体験の弱体化に拍車をかけ、本来、生き物として備えている感覚、五感、さらに「こどもの野性」をも衰退させ、あふれる情報の波にこどもは浮遊せざるをえないと考える。

今、求められているのは環境破壊や自然災害としての「外なる自然」破壊を嘆くのではなく、「内なる自然」破壊への対応として、こどもとそれを取り巻く諸要素の相互関係の再構築を図らなければならない、と考える。

2.「内なる自然」と体験・経験

2007年10月、NHK ETV特集として千葉県木更津市内の里山の森の中の「里山保育が子どもを変える」が放映され、大きな反響を呼んだ。

そこには1970年頃まではどこでも見られた自然に遊ぶこどもの姿があり、毎日変化する自然とのふれあいの中で「小さなケガ」をものともせず、心身を鍛え、仲間とのやりとりから集団生活への適応力を育んでいく姿があった。こうしたこどもの姿は、後に本として出版されている(3)。子ども達の姿は、北欧やドイツの「森の幼稚園」(4)の遊びや学びとも重なるのである。

20世紀も終わりころ、筆者は中央教育審議会の委員を担っていた。その審議会では『生きる力』

を育むとして「総合的な学習の時間」を答申・創設し、こどもたちの体験・経験を通しての学びを重視していた。

具体的には、平成8（1996）年7月の中央教育審議会第一次答申において、「今後における教育の在り方について、子どもたちに『生きる力』をはぐくむことが基本であり、「生きる力」は学校・家庭・地域社会が相互に連携しつつ、社会全体で育んでいくものとして、家庭や地域社会における教育力を充実していくこと」が提言されていたのである。

また、教育改革プログラムにおいては、平成14（2002）年度から完全学校週5日制を実施することになり、学校教育における教育内容の厳選と軌を一にして、家庭や地域社会におけるこどもたちの体験活動の推進や体験活動の場の充実を図ることが課題となってきていたのである。

このような中、生涯学習審議会は、平成9年6月に文部大臣から「青少年の『生きる力』をはぐくむ地域社会の環境の充実方策」について諮問を受け、第1小委員会を設置して審議を行うこととした。

その後、平成10（1988）年6月の中央教育審議会答申（「新しい時代を拓く心を育てるために」）において、家庭や地域社会がこどもたちの心をめぐる問題にどのように取り組んでいくべきか具体的に提言されたことも踏まえ、幅広い角度からの審議が進められてきている。

その結果、「日本の子どもの心を豊かにはぐくむためには、家庭や地域社会で、様々な体験活動の機会を子どもたちに〈意図的〉・〈計画的〉に提供する必要があり、平成14（2002）年度からの完全学校週5日制の実施に向けて、子どもたちの体験活動の充実を図る体制を一気に整備するため、具体的な緊急施策を提言すること」としたのである。

「子どもたちの心を豊かにはぐくむためには、教育関係者だけではなく、私たち大人一人ひとりが、それぞれの立場で子どもの問題に関心をもち、活発な議論をしながら取組を進めていくことが大切です。今後、本審議会としては、本中間まとめに対する各方面からのご意見に耳を傾け、より充実した答申をとりまとめられるよう、努めていきたいと考えています。」（生涯学習審議会『生活体験・自然体験が日本の子どもの心をはぐくむ―「青少年の［生きる力］をはぐくむ地域社会の環境の充実方策について」―（中間まとめ）』平成11年4月）としているのである。

こうした答申に活用されたのが平成10（1998）年に実施された「子どもの体験活動等に関するアンケート調査」（文部省）である。

この調査は、小学校2・4・6年生および中学校2年生の合計約1万1千人等を対象としたものので、その結果から、こどもたちが「生活体験」、「お手伝い」、「自然体験」をしていることと、

「道徳観・正義感」が身についていることとの関係を調べ、その間には高い相関の傾向がみられるという結果を導いているのである。

結果の概要は次のようになっている。

①生活体験が豊富な子どもほど、道徳観・正義感が充実している

「小さい子どもを背負ったり、遊んであげたりしたこと」、「ナイフや包丁で、果物の皮をむいたり、野菜を切ったこと」といった生活体験の度合いと、「友達が悪いことをしていたら、やめさせる」、「バスや電車で席をゆずる」といった道徳観・正義感の度合いを、それぞれ点数化してクロス集計したところ、「生活体験」が豊富な子どもほど、「道徳観・正義感」が身についている傾向が見受けられる。

②お手伝いをする子どもほど、道徳観・正義感が充実している

「食器をそろえたり、片付けたりすること」、「新聞や郵便物をとってくること」、「ペットの世話とか植物の水やりをすること」といったお手伝いをしている度合いと、「友達が悪いことをしていたら、やめさせる」、「バスや電車で席をゆずる」といった道徳観・正義感の度合いを、それぞれ点数化してクロス集計したところ、「お手伝い」をしているこどもほど、「道徳観・正義感」が身についている傾向が見受けられる。

③自然体験が豊富な子どもほど、道徳観・正義感が充実している

「チョウやトンボ、バッタなどの昆虫をつかまえたこと」、「太陽が昇るところや沈むところを見たこと」、「夜空いっぱいに輝く星をゆっくり見たこと」といった自然体験の度合いと、「友達が悪いことをしていたら、やめさせる」、「バスや電車で席をゆずる」といった道徳観・正義感の度合いを、それぞれ点数化してクロス集計したところ、「自然体験」が豊富な子どもほど、「道徳観・正義感」が身についている傾向が見受けられる。

こうした結果を受けて、さらに平成17（2005）年に調査を重ねている。

国立オリンピック記念青少年総合センター『平成17年度青少年の自然体験活動等に関する実態調査』によると、1998年と2005年のこどもの自然体験、例えば「チョウやトンボ、バッタなどの昆虫をつかまえたこと」「大きな木に登ったこと」「海や川で泳いだこと」などの総ての項目で自然体験が減少していると指摘されている。

具体的なデータを図1でみていきたい。

図1　調査結果

チョウやトンボ、バッタなどの昆虫をつかまえたこと

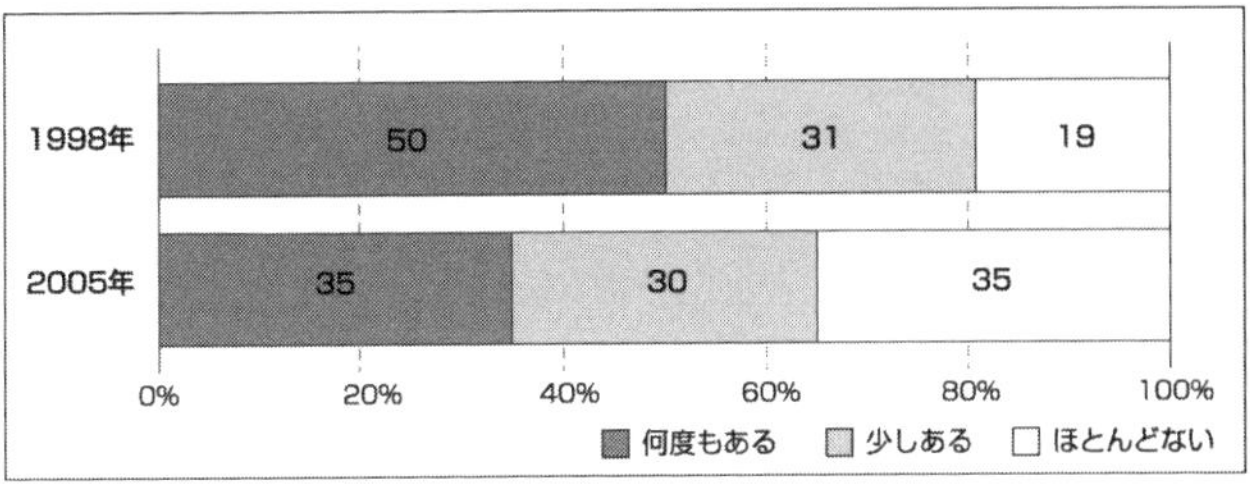

海や川で貝を取ったり魚を釣ったりしたこと

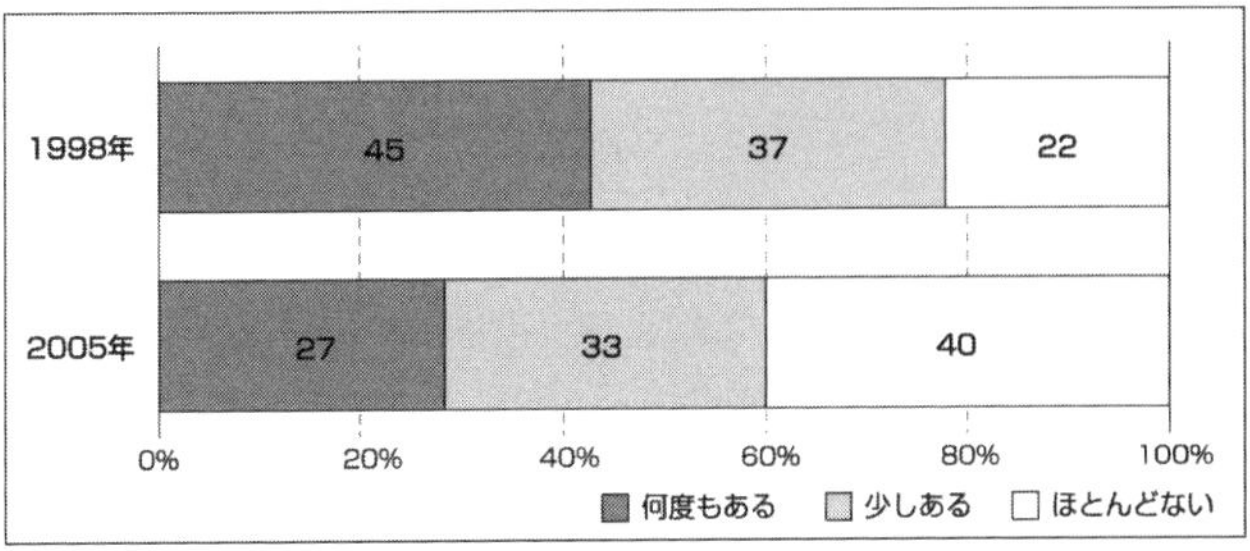

大きな木に登ったこと

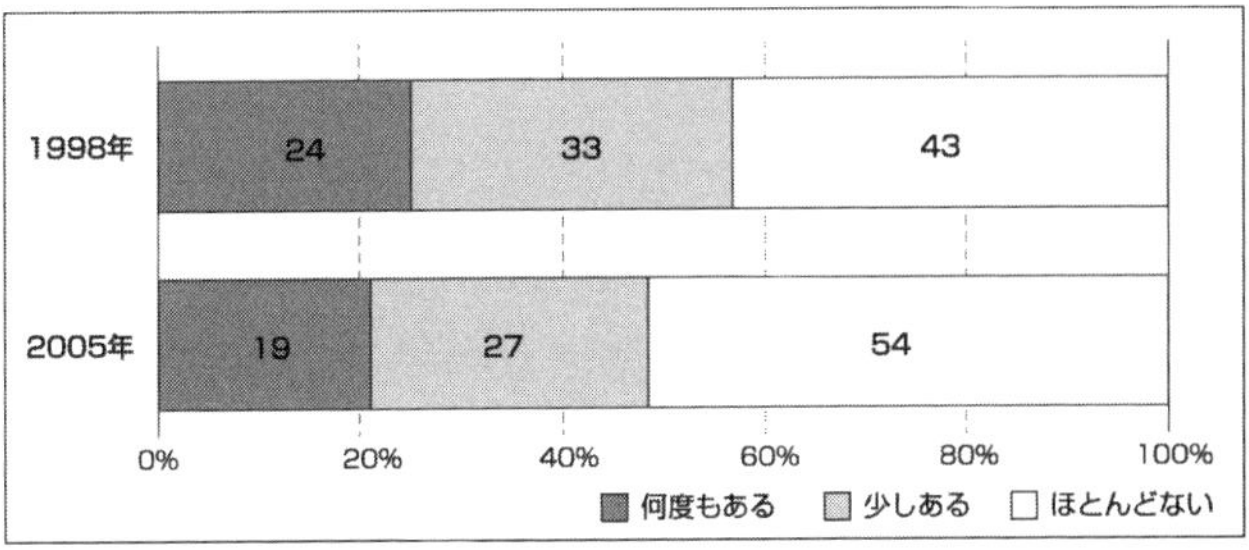

太陽が昇るところや沈むところを見たこと

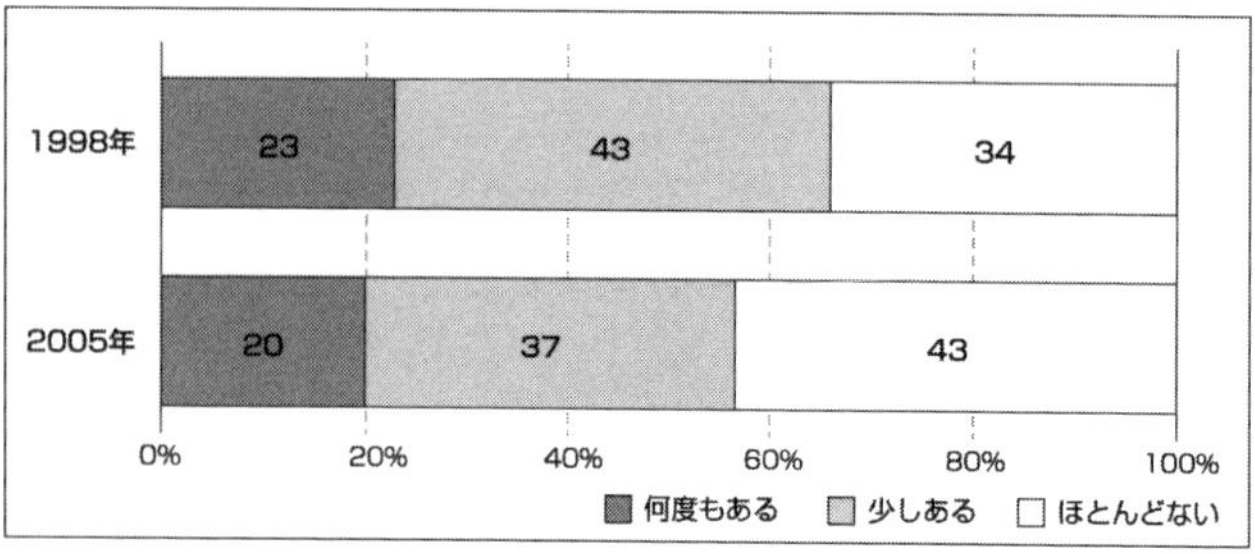

夜空いっぱいに輝く星をゆっくり見たこと

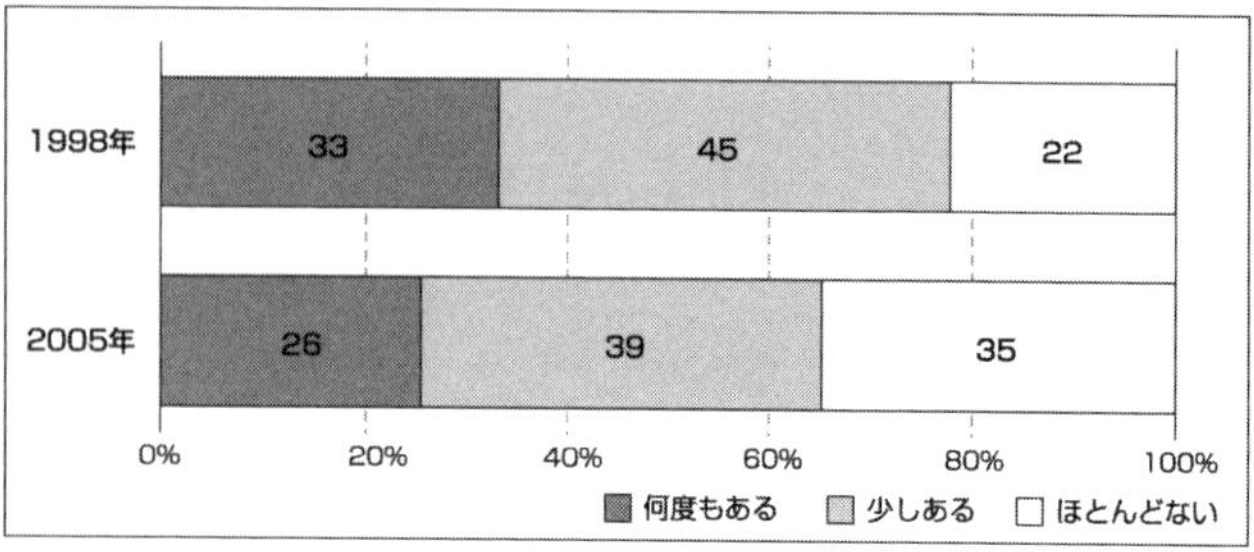

野鳥を見たり鳴く声を聞いたこと

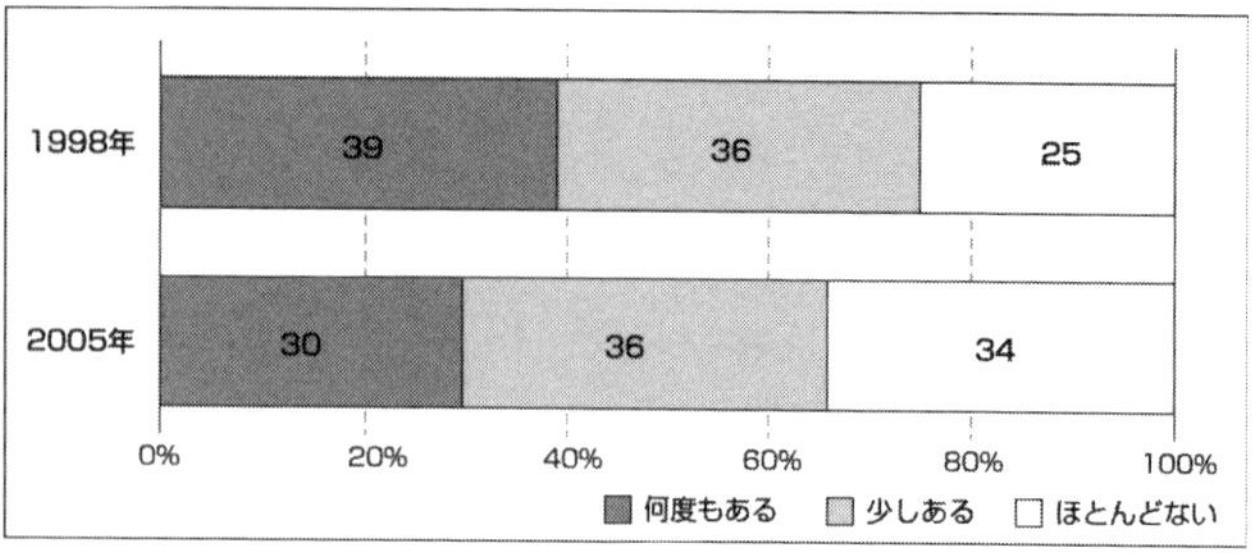

報告書では「全体として自然の中で活動する青少年が減っている」と指摘し、さらに「青少年が行う自然体験の中でも、家族や友達と行う自然体験が、学校や青少年教育施設、青少年団体を通じて行う自然体験と比較して著しく減少している（図2）」と述べる。

一方、「自然体験の多い青少年の中には、道徳観・正義感があり学習意欲・課題解決意欲の高い青少年の多いこと（図3）や、集団による長期キャンプは、積極性や協調性を高め判断能力を育てるといった社会性の育成に効果の高いことが明らかとなっている。

これは、自然という人間が完全にはコントロールできない環境のもとで、仲間と一緒に様々な課題や困難に立ち向かう中で、仲間

図2　夏休みにおける自然体験活動の参加割合

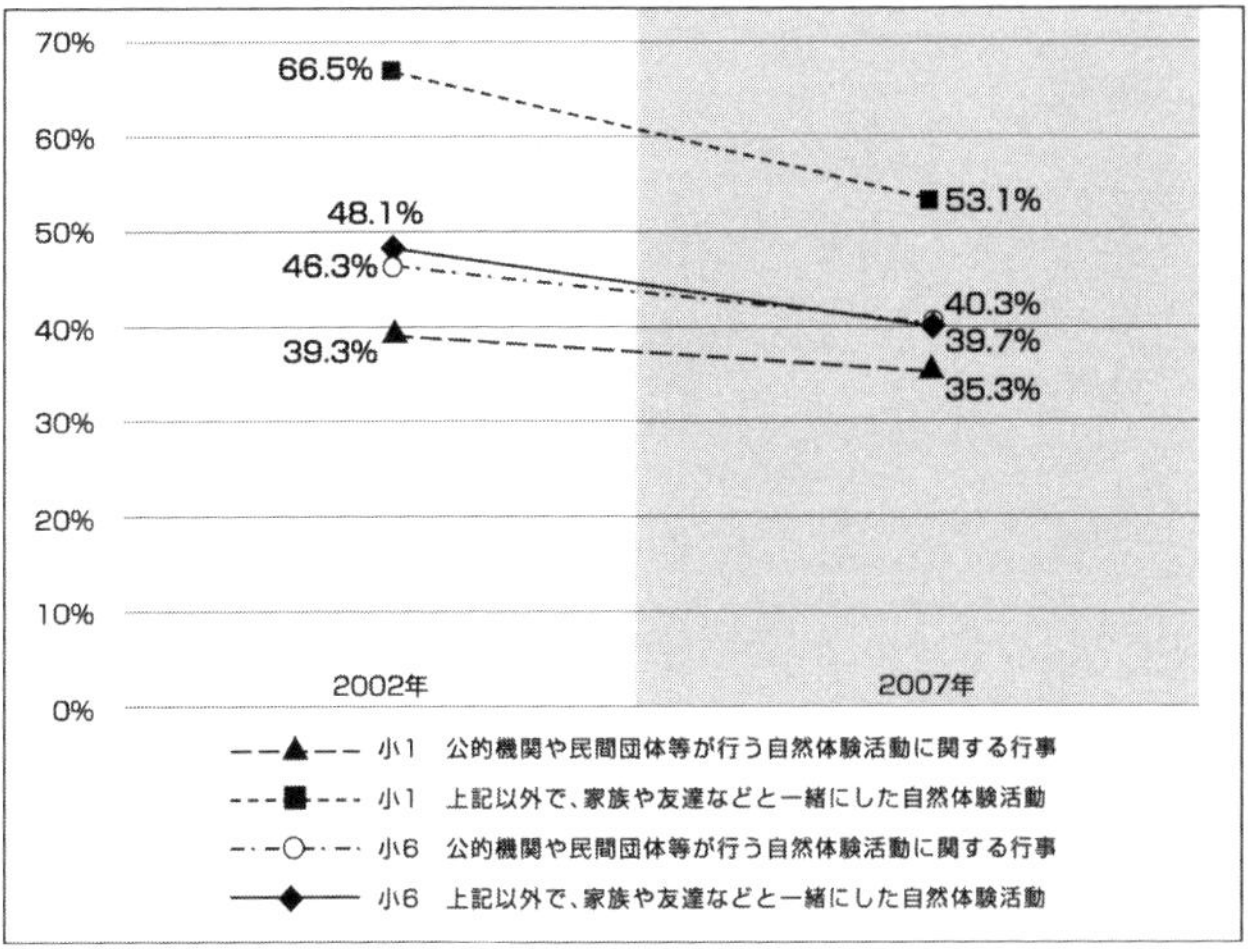

や指導者に支えられながらこれらの力が育成されていくためと考えられている」と指摘し、青少年の自然体験の少なさは、「青少年がこうした教育効果の高い活動に参加する機会を失っている可能性を示す指標の一つであると考えることができる」と指摘している。

こうしたデータの上に、ユニセフの調査結果に基づいてデータの取り方に課題はあるもののOECD諸国の中でも日本のこどもたちの「孤独を感じる」割合が高いことを指摘する識者もいる。

また国立青少年教育振興機構では、「体験活動を通した青少年の自立」を目指して「体験の風を起こそう」運動や28か所の国立青少年教育施設（国立オリンピック記念青少年総合センター1か所、国立青少年交流の家13か所、国立青少年自然の家14か所）の活用促進や青少年教育団体が行う活動に対する支援としての「子どもゆめ基金事業」などを展開している。

図３　自然体験と道徳観・正義感との関連性（2005年）

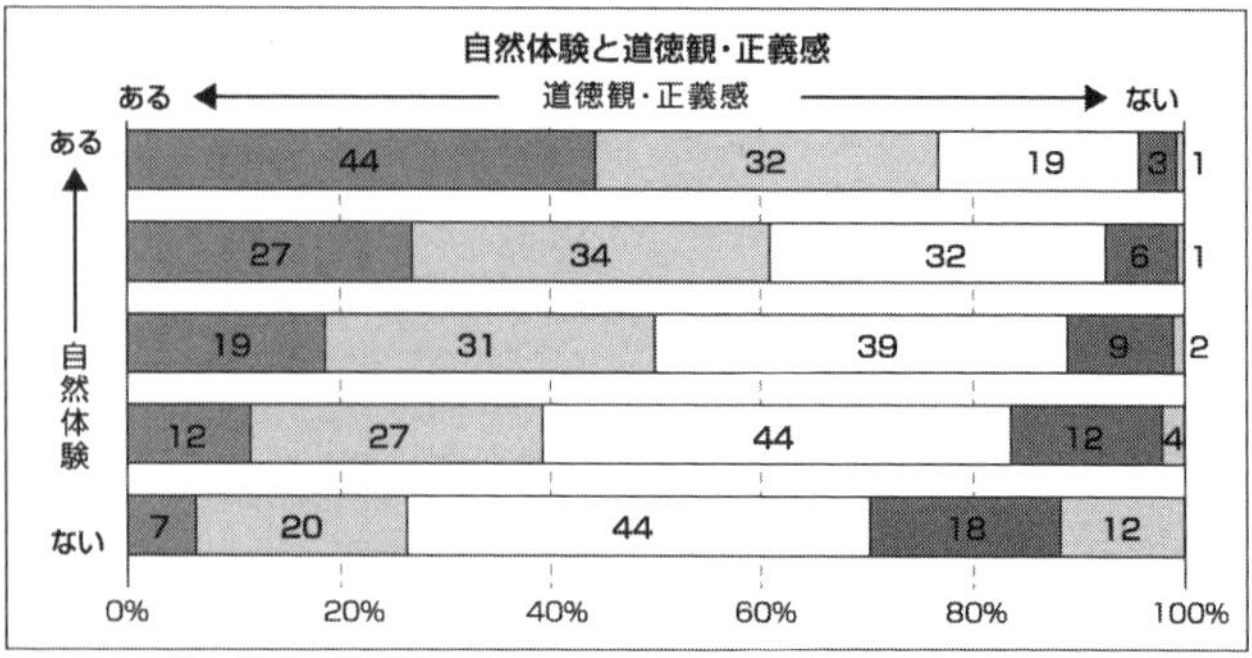

実際に筆者の経験でも、「まち」や自然のフィールドでの体験型活動でこどもと接していると、身体が硬直し、過度に緊張していることもが多いことに気づく。大学生も同じで呼吸がうまくできず、自らを枠にはめ込み、あるいは所属する組織の枠組みからはみ出した行為をすることを極度におそれている姿がある。

一方、小学生や中・高校生が描いた環境保全のポスターをみていると、動物は図鑑を見て描けるので、野生動物を描いているが、植物の絵は大半が身近な園芸種を描いている。こどもを取り巻く環境が大きく変容してきているといえるのである。

「自然は人間の苗床」といわれているように、幼児の時から自然とのふれあいの機会を多くもたせることによって、こどものみずみずしい感受性を刺激することは不可欠である。レイチェル・カーソンが「子どもたちに生涯消えることのないセンス・オブ・ワンダー（神秘さや不思議さに目を見はる感性）」を持ち続けさせることの重要性を問い、「子どもたちがであうひとつひとつが、やがて知識や知恵を生みだす種子だとしたら、さまざまな情緒や豊かな感受性は、この種子をはぐくむ肥沃な土壌である。幼い子ども時代は、この土壌を耕すときである」（レイチェル・カーソン『センス・オブ・ワンダー』佑学社刊）と述べている。

カーソンはさらにセンス・オブ・ワンダーが「やがて大人になるとやってくる倦怠と幻滅、わたくしたちが自然という力の源泉から遠ざかること、つまらない人工的なものに夢中になることなどに対する解毒剤」(5)になると述べている。

自然とかかわることにより、こどもたちはさまざまなインスピレーションを感じている。つまり「認識の源泉としての驚嘆」は「エコロジカルな環境のつながりを言葉の上ではなく、イメージとして身体的に獲得」(6)していくのである。

そうした基盤の上に、生活体験や社会体験を積み重ねていくことにより、想像力や創造性が培われていくととらえている。ところが近代社会は「土壌を耕す」こと、つまり子どもの感動や時間の流れを感じとる心の働き、生命のつながりの中で生きていることを「経験」することの重要性を無視し、想像力や創造性の基盤としての豊かな感受性を育むことを捨ててきたといえるのではないだろうか。

さまざまな体験に支えられた豊かな感受性があれば、まず、「何かおかしい」という直観が働き(気づき)、それまでの体験や学校知で得た知識をいろいろな角度から関連づけて思考し、想像力をふくらませて判断し、新たな知識や技能の獲得に結びつけていくことができるのである。

そうして自ら判断し、行動に結びつけていく主体としての能力が育成されるといえる。こうしたスキルが、危機管理能力の育成につながっているといえる。

第2章で詳しく述べたいが、脳科学では、脳の成熟過程において「感受性期」があり、それぞれの神経機能によってその時期は異なるが、成熟した脳にも可塑性があると言われている。このことは適切な時期に体験や学習によって脳に良い刺激を与えていくことの重要性を意味しているのである。

体験の豊かなこどもの文章は生き生きとした表現力を持っており語彙も豊富であるが、体験の貧弱なこどもの表現は抽象的で訴える力が弱いといえる。

また豊かな言語能力は、自分の気持ちを相手に伝えたり、人の気持ちを想像する力につながる。現代のこどもには感じていることを素直に表現でき、他人の悔しさや感情を想像できることが必要である。そこでこどもと接する学校の教員も地域の大人もこどもの思いに「気づき」、威圧的ではなく共感的なアプローチによる言葉かけを大事にしていかなければならないのである。

3.「遊び」でこどもは育つ

今、世界的にこどもの育ちを杞憂する言葉として「自然欠乏症候群」が注目をあびている。もともとは、2005年にアメリカで出版された本でカナダなど海外でも出版されているR・ループ著"Last Child in the Wood"(翻訳本では『あなたの子どもには自然が足りない』早川書房刊)で指摘されたのであり、この双書本の「はじめに」の項でも紹介している。

指摘されていることは、幼児期に自然の中で「遊ぶ」経験のないこどもに、一つのことに集中できない、我慢ができない、落ち着きがなくじっとしていられない、友だちと遊ぶことができないなどの症状がみられるという。

一般的に、こどもが自然とふれあうことは、生態系の一部である人間として当たり前としてとらえられているのであるが、現実には自然はきたない、虫が怖い、汚れるなど否定的な見方で保護者がこどもにドロ遊びもさせないなどという状況にある。

こどもの成長過程において、自然にふれて、刺激を受けて五感を磨き、自然の変化の美しさに感動を得ていくことは自然の豊かな恵みを享受する自然への理解を深めていく第一歩といえる。しかし現代のこどもたちは集合住宅居住者も多く、身近な環境に小さな畑もなく、さらに自然の中での遊びも少なく、ケガをさせないように包装緩衝材のプチプチで包まれているような状況下にあるのではないだろうか。

人間は他のほ乳類と異なって、人間として完成するまでお母さんのお腹の中で育つことが出来ない生きものである。生まれてから人間として成長していくのである。

本稿では、こどものからだが形態的に大きくなることを「発育」としてとらえ、精神的・機能的に成熟することを「発達」とし、両方をあわせて「成長」ととらえていきたい。

高校の家庭科の教科書にもかかれていることであるが、こどもの身体の発達は頭から下部へ、例えば、頭－胴体－腕－手－指先へと発達が進む方向性がある。さらに個体差はあるが、順次性があり、大きな動きから細かい動きへと発達していくのである。

例えば、首や背中の筋肉がついていないと寝返りは出来ない。そして寝返りすることで視野に入ってくる環境が今までと異なるので、はいはいの速さを早めたり、立ち上がって手に入れようとしたりする動機が手足の筋肉の発育を促すことにつながっているのである。

こどもの成長にとって自然にふれたりする自然の中での遊びは、脳や体の発達の土台づくりとなる。成長にともない、保護者から少し離れて、こども同士が「群れて」遊び、互いに刺激し合うことでホルモン分泌も促進される。さらに自然や社会を含む環境との体験、知識や技能の獲得、他者とのコミュニケーションや日本の四季折々の変化からの感覚刺激によって脳神経回路のつながりが増えていくのである。

こどもの遊びには名前がある。例えば、「みたて・つもり遊び」は何かになったつもりで遊んだり、代用品を本物に見立てたりして遊ぶのである。こうしたごっこ遊びはままごとに代表されるように生活の中で体験したことを再現して○○ごっこを楽しむ。身近な植物の葉っぱをお皿に見立てて遊ぶことはだれでも幼児期に体験している。また構成遊びは、自分で工夫したり、組み立てたりして遊びである。もちろん大事な遊びは自然の中での「名もない遊び」で、身体全身を使って遊ぶことである。

自然の中で遊ぶことによって自然の変化、例えば緑の色の日々の変化に気がつくし、木々の葉のつくりや葉脈のカタチも木の種類によって異なることを発見したり、そのことを親子や友だちと話したり、共有することで言語の獲得にもつながり、こどもの語彙を増やしていくことになる。さらに危機察知能力も育まれるのである。

特に、日本のこどもは四季に敏感であり、昔から唄われてきている「童謡」にも多い。インテリアを考える実践的な授業を小学生向きに実施した時にこどもたちは「季節によって」カーテンや壁の色を変えたいという要望も出てきていた。ちなみに北海道生まれの筆者の「春のおとずれ」は「どこかで春が生まれてる。どこかで芽の出る音がする。」（『どこかで春が』）「芽の出る音」ではなく、「屋根から雪が落ちる音」であった。

一方、こどもの遊びは社会性や意欲的な心を育む。神経系の発達は8～9歳くらいまでに発育していくと言われている（スキャモンの発育曲線）。こどもの成長にこうした発育と共に、両親や周りの大人とのかかわりから社会性を獲得していく。社会性を身につけるためにも「特定の相手との間で築く心理的な絆＝アタッチメント」が大切であると言われている。そうした上で、こどもは直接に「自然にふれ」「遊び」を通してさまざまな能力を獲得していくのである。それは、運動能力、危機管理能力、知的能力、感覚、好奇心・探究心、自立性、社会性などである。こうして「内なる自然」ともいうべき精神性・社会性を確立していくのである。

こどもたちは「群れて遊ぶ」、「けんか」をすることにより、他者の存在や自分の感情の動き、さらに仲間とルールをつくって遊ぶなどの調整的な能力をも獲得していく。大人のやっていることを、他のこどもがやっていることをまねながら、またみんなと遊ぶことで「快楽」のホルモンを分泌して楽しくなり、自分で工夫していく能力を獲得していく。それは「意欲の醸成」につながるのである。

でも、親自身が「どう遊んでよいかわからない」、「自然嫌い」ということをよく耳にする。現役の大学教員のときに大学構内の農場の畑で育てたサツマイモの収穫に参加してみると幼稚園のお子さんたちは大事そうに重たいサツマイモを抱えながら歩いていくので、おばさんにも「分けてくれる？」と問うと「いや！」と収穫したサツマイモを自分で大事そうにかかえていく姿をよく目にしていた。身体全体で収穫したものの重さを実感することや土の感触を皮膚でじかに感じることはとても重要な体験といえる。

日本のほとんどの学校には「畑」がある。生活科が始まっていっそう畑の所有は促進されている傾向にあるが、こどもの数が減少している地域の学校内には、あまった畑を地域の方々が利用できる「みんなの畑」を設置している学校もある。こどもたちは、「お水をたくさん飲んで太陽をあびて大きくなってね」と土を撫でながら、命の生長を待っている姿がある。リアルな体験が少ない現代のこどもに毎日の植物の生長に目を見張り、その驚きや感動を共有していくことに「生きる」ことが実感できていると考える。

一方、自然の中での命のせめぎあいも体験できるのである。ご自宅の畑や学校の畑で自ら種を植え、芽がでてくるのを毎日楽しみに眺めていても、青虫がでてきてせっかく大きくなりかけた葉っぱを食べてしまわれる、ということもある。絵本の「はらぺこあおむし」とシンクロさせて、命のサイクルを体感することができ、そのことを親子の会話で確かなものにしていくことも可能である。

たまごから幼虫になり、それがとても不思議なカタチのさなぎになって蝶へと羽化するのを友だちや家族と一緒に観察することもできる。小さな昆虫の命のつなぎ方や、人間も食べ過ぎるとおなかが痛くなるなど親子での会話も成り立つ。一緒に種をまいたはずなのにそれぞれ種によって発芽に違いがあり、成長の違いも知ることができ、人間の成長と重ねて考えてみると良いのではないだろうか。

そうした視点から第5章で「だれがつくるの？こどもの環境」として、こども弊学会代表理事の仙田満と福井県立大学学長の進士五十八氏の対談を掲載しているので、参照していただきたい。

（注）ここで用いている「内なる自然」は、神谷恵美子『著作集2　人間をみつめて』の「第1章　いのちとこころ」の「いのちを支えるもの―外なる自然について」と「脳とこころ（2）内なる自然について」に触発されて、筆者は「外なる自然」と「内なる自然」とを用いている。

【参考文献】

（1）野田正彰『漂白される子供たち―その眼に映った都市へ―』情報センター、1988

（2）日本住宅会議・関東会議編　編集代表中島明子・小澤紀美子『キッズプレース―居ごこちよい子どもの住環境』萌文社、1990

（3）斎藤道子『里山っこが行く！―木更津社会館保育園の挑戦』農文協、2009

(4) 岡部翠編『幼児のための環境教育：スウェーデンからの贈りもの「森のムッレ教室」』新評論、2007
(5) レイチェル・カーソン（上遠恵子訳）『センス・オブ・ワンダー』佑学社、1991
(6) イディス・コップ（黒坂三和子・滝川秀子訳）『イマジネーションの生態学―「子供時代における自然との詩的共感」』思索社、1986

第2章　こどもの生活世界を豊かにする自然体験

1．関係破壊の中のこども

情報・消費型社会において、こどもの環境は物的・物質的には恵まれてはいるが、こどもたちは「内なる自然」を閉ざし、「小さな時期から建物ごと、場面ごとの役割を演じながら都市で生きて」(1)いて、多様な消費行動で大人と同じ服装や振る舞いが可能になっている。都市化の進展は、都会だろうが田園の景色を色濃く残している農村地域であろうがこどもから身近な自然体験を奪ってきたといえる。都市のこどもを農山村や海辺あるいは無人島などで自然体験や生活体験をつませる場が公共や民間から提供されてきてはいるが、こどもの内的世界をゆすぶる保障はない。

さらに地域社会での人間関係の希薄化は、地域のもつ教育力を衰退させ、こどもたちの遊び仲間や友達との交流にも変化がおよび、地域のこどもの集団遊びの姿も見かけなくなってきている。地域でこどもと大人の交流がないことはこどもの人との関係づくりの能力をも衰退化させ、ゲームや情報機器という仮想社会での遊びはこどもの生活世界からリアリティを奪い、現実逃避のこどもを生み出しているのではないだろうか。

高度経済成長期以降の日本社会は効率化を重視し、社会システムの分断化をはかり、モノの消費に価値がおかれるようになってきた。

分断化は関係性を断つことである。生活世界から全体性が失なわれ、こどもの生活世界は人工物で囲まれ、モノの消費を中心に広がるが充足感は得られず、「つくられた欲望の呪縛」から逃れられずにいるのではないだろうか。間接的な経験のなかでこどもの興味の対象は狭まり、「自己への信頼度」も萎え、自信を失っていくのである。

さらに高度情報社会がこどもの直接体験の弱体化に拍車をかけ、本来、生き物として備えている感覚、五感をも衰退させ、あふれる情報の波にこどもは浮遊せざるをえないのであろう。こうしたこどもたちの閉塞的な状況は、80年代後半以降に育ってきた大人にも見いだせるのではないだろうか。

2.「内なる自然」と体験・経験

こどもの体験の基本は「遊び」にある。こどもは遊びを通して多くのことを学び、豊かなこどもの生活世界を築いていく。

幼児期から草花や小さな生き物に触れるという自然体験は、本来人間がもっている五感を刺激し、好奇心をはぐくみ、感動を知り、豊かな感受性の発達をうながす基本的な要素である。そうした基盤の上に、生活体験や社会体験を積み重ねていくことにより、想像力や創造性が培われていくのではないだろうか。

さまざまな体験に支えられた豊かな感受性があれば、まず、「何かおかしい」という直観が働き(気づき)、それまでの体験や学校知で得た知識をいろいろな角度から関連づけて思考し、想像力をふくらませて判断し、新たな知識や技能の獲得に結びつけていくことができる。そうして自ら判断し、行動に結びつけていく主体としての能力が育成されるといえる。

脳科学では、脳の成熟過程において「感受性期」があり、それぞれの神経機能によってその時期は異なるが、成熟した脳にも可塑性があると言われている。このことは適切な時期に体験や学習によって脳に良い刺激を与えていくことの重要性を意味している、と考えられる。

筆者は、2010年7月に青年館で開催された第2回「体験の風をおこそうフォーラム」（主催：体験の風をおこそう運動推進委員会）に参加し、基調講演者である金澤一郎氏のお話を共感をもってうかがっていた(2)。

金澤一郎氏は、当時、日本学術会議会長で、第19期日本学術会議「子どものこころ特別委員会」の委員として参加していて、その報告書『子どものこころを考える—我が国の健全な発展のために—』にもとづいてお話をされている。

その概要は、次のようになる。

（1）脳の基本的な構造と機能は10歳前後にほぼ完成する

中枢神経は大脳半球、脳幹、小脳、脊髄からなるけれども、他の哺乳類と異なりヒトでは、出生直後にはこれらの構造が十分には出来上がっておらずに、生まれた後でも育ち続ける。脳の構造や機能がほぼ完成するのはおおよそ10歳前後であろうと思われる。これは例えば大脳皮質神経細胞の樹状突起の分枝の程度から見た神経細胞の成熟度が、10歳前後には成人のそれにほぼ達すること、あるいは脳波の基礎波であるα波が成人並みに落ち着くのがその頃であることでも分かる、と指摘している。

（2）ヒトの脳の発達の過程で、神経細胞には「間引き」が起こる

脳の発生・分化の過程で、驚くべき量の神経細胞が一旦は作られ、そして、ある時期になると余分な神経細胞が間引きされる。その「間引き現象」は、1歳までに著しく多く起こり、5～8歳までにほぼ成人のレベルに達して終了する。これに伴い、シナプスの密度も5歳頃をピークにして、以後20歳頃までに成人のレベルに達する。このような間引き現象が起こっている時期が、「感受性期」にほぼ相当するのである。

（3）一旦完成した脳にも「可塑性」があり、これが学習の基礎となる

神経系のあらゆる場所に可塑性シナプスが存在することが明らかになり、さらに長期増強のみならず小脳では長期抑制も生じ、これらの可塑性が「記憶・学習」の基本的要素であると考えられている。

（4）しかし、脳の可塑性に基づく機能獲得には「感受性期」がある

「ある脳機能が習得できるのは幼い頃の一定期間内だけである」という、その期間を感受性期と呼ぶようになった。したがって現在では、お子さんの幼児期には視覚障害が起こらないように「眼帯」をさせないことは一般に知られていることである。

感受性期とは、発達期のある期間、脳があらゆる意味で変化しやすく、環境や教育の仕方が脳の

発達に大きな影響を与える。人間では、おおよそ3歳から10歳くらいまでではないかといわれている。その時期を過ぎると、その能力を獲得したり発達させたりすることは容易ではなくなるが不可能になるわけではない。感受性期が終わるのは10歳を超えてであるが、GABAという神経伝達物質の抑制性の神経系が完成すると、そのような柔らかさが失われていくということが理化学研究所の研究で明らかになっている。

一方、神経細胞には可塑性があるという。神経細胞の伝達物質は使わないでいるとだんだん弱くなるが、よく使っていると強化されるそうで、これを可塑性といい、このことが学習の基礎になり、成人の脳でも神経細胞が新生することが証明されているのである。

この報告書の中に「子どもの体験学習」をまとめた個所がある（報告書63〜68ページ）。ここで指摘されていることは、次のようになる。

「ビデオで《となりのトトロ》をみる時間があったら、どれだけ豊かな現実を体験できるか。ビデオを売る僕の矛盾でもあるが、大人がまじめに論じるべきことだ」

「美術館では母親は携帯電話をかけ、子供はゲームをしている。パソコンのキーはたたけても、火が付けられない。子供がバランスをもって育つ空間がない」と、宮崎駿は指摘（日本経済新聞「文化往来」2002年2月20日）している。

「一番の問題は、かつての子ども達が当然のこととして体験できたことが、現在では体験できなくなってしまっていることである。このことは多くの人たちから指摘されながら、抜本的な解決策が提示されないままになっている。そして、そのひずみの解決が、一方的に初等・中等教育の現場に押しつけられてしまっていることが、教育の混乱に拍車をかけている」

と、報告書では指摘している。

その理由として

① 遊びの変質―集団遊びから個の遊びへ―

② こどもを取り巻く自然環境・社会環境の貧しさ

③ こどもたちの生活世界を貧しくしているのが、映像の氾濫、特にテレビ

と指摘し、現代であればゲームやスマホによる「疑似体験」によって真の体験と区別ができない状況も生じてきている、と述べる。

そこで「総合的な学習の時間」による体験活動の重視を評価しながらも「単なる体験」で終わらせている学校現場の課題を指摘し、「体験」にかかわる方向性を示唆している。

3. 多様な体験の意味・意義

なぜこどもの頃の多様な体験がこどもの成長にとって意味があるのであろうか。国立青少年教育振興機構では青少年の自然体験活動の実態調査を継続して進めてきているが、2009年11月~12月にかけて調査した「子どもの体験活動の実態に関する調査研究」(座長　明石要一・千葉大学教授)(2010年10月)から、多様な体験の意味を読み取ってみたい(3)。

この調査研究の目的は「子どもの頃の体験を通じて得られる資質・能力を検証し、人間形成にとってどの時期にどのような体験をすることが重要になるかを明らかにする」ことにある。

調査対象は、青少年(小学5年生、6年生、中学2年生、高校2年生の1万1000人に学校を通した郵送法による質問紙調査)と成人に同じ質問紙調査で実施し、比較検討している。但し、成人(20代~60代成人の5000人)に関してはウェブアンケートとなっている。

子どもの頃の各年齢期における体験としては、自然体験、動植物とのかかわり、友だちとの遊び、地域活動、家族行事、家事手伝いである。こうした体験を通して得られる資質・能力を「体験の力」として、自尊感情、共生感、意欲・関心、規範意識、人間関係能力、職業意識、文化的作法・

教養といった7つの要素を仮定して調査を実施している。調査結果はホームページで公開されているので、ここでは結果の概要をまとめてみたい。

①幼少期から中学生期までの体験が多い高校生ほど、思いやり、やる気、人間関係能力等の資質・能力が高い。

②重回帰分析によると、小学校低学年までは友だちや動植物とのかかわりの体験が、小学校高学年から中学生までは地域活動、家族行事、家事手伝い、自然体験等の体験が「体験の力」とより関連しており、この結果は、成人の調査と類似の傾向を示している。

③体験の豊富な子どもほど、携帯を持っている・読む本の冊数が多いという割合が高く、コンピュータゲームやテレビゲーム遊びをしない、という割合が高い。

④20代~60代の人への比較分析によると、若い世代ほど自然体験や友だちとの遊びの体験が減少してきており、子どもの取り巻く自然環境や社会環境の変化が読み取れる。

⑤成人調査によると、子どもの頃の体験が豊富な大人ほど、やる気や生きがいを持っている人が多く、モラルや人間関係能力が高い人が多い。

⑥子どもの頃の体験が豊富な大人ほど、「丁寧な言葉を使うことができる」といった日本文化としての作法・教養が高い。

⑦子どもの頃の体験が豊富な大人ほど、学歴が高い・収入が多い・読む本の冊数が多い・結婚している・こどもの数が多い、という割合が高くなっている。

こうした結果を踏まえると、地域や学校では何が求められているであろうか。調査報告書では学校と地域で求められる取り組みを次のようにまとめている。

まず、「日常生活の中での異世代の大人や異年齢の児童・生徒が触れあう地域活動（身近な生活空間・場で行われる活動－近所の小さい子どもと遊んであげたこと、バスや電車で体の不自由な人やお年寄りに席を譲ったことや自宅近くの身近な地域で大人との交流が生まれると想定される活動－近所の人に叱られたことがある、祭りに参加したこと、地域の清掃に参加したこと）は子どもの成長・発達上、不可欠となる多面的な力を培う基礎になる可能性が高く」、「日常的な空間・場での地域活動への参加は子どもの体験力を高める」という。

さらに「非日常的な空間・場で実施される社会教育活動（家族で美術館や博物館へ行く、少年自然の家など青少年教育施設の利用、社会教育関係団体、例えば子ども会、スポーツ少年団などへの加入、学校の特別活動として実施される林間学校やキャンプへの参加など）への参加は子どもの体験の力を高める」という。

4．豊かで多様な体験が可能なこどもの成育環境づくりへむけて

まず、人との豊かな人間関係を築くためには、「信頼関係」が不可欠である。その第一歩は、親子の関係をより良好なものとしていくことである。親子の信頼関係は愛着行為（アタッチメント）に始まり、「ことば」によって培われていくものであり、こどもに語りかけること、こどもの話を聴くことである。

つまり、「語りかけ」「聴く」ということは、相手を受け入れていくという受容的な行為で、人間関係の基本といえる。こどもが話したいという思いを感じとるのは親の役目であり、こどもとの話しのきっかけをつくり、こどものことばを引き出し、こどもの体験や行為に共感し、感動を分かち合うことが必要である。家庭においてもこどもの感じていることに関心を示し、安心感を与えることも豊かな人間関係を築く第一歩である。

体験の豊かなこどもの文章は生き生きとした表現力を持っており、語彙も豊富であるが、体験の貧弱なこどもの表現は抽象的で訴える力が弱い。また豊かな言語能力は、自分の気持ちを相手に伝え、人の気持ちを想像する力につながる。現代のこどもには感じていることを素直に表現でき、他人の悔しさや感情を想像できることが必要である。

そこでこどもと接する学校の教員も地域の大人もこどもの思いに「気づき」、威圧的・権威的でなく共感的なアプローチによる言葉かけを大事にしていかなければならない。

かつては居住地の中で自然発生的にさまざまな遊びが展開されていた。今や都市の中のこどもの遊び場は公園のみである。実際に多くのこどもが遊んでいる公園はどのような要素があるだろうか。まず、大人の自然注視が必要である。80年代後半に建設された団地内のこどもの遊びを調査してみると、幼児は日当たりがよく、歩道沿いの人の往来のある公園で遊んでいることが多い。また公園内にベンチが置かれていて、団地の人が休憩している場で遊んでいる。しかし北側にあった り、植え込みの木が2メートル近くに生長していたり、住棟と公園との間に高い木々が住人の目線を遮るような公園では遊んでいない。緑も成長すると視線を遮断し、凶器になるのである。親子の対話が促進されるように自然が豊かで、会話が弾むよう四季の変化に富み、適度な自然注視が可能なつくりが街区公園にも求められているといえよう。こうした公園はこどもの遊びだけでなく、小学校の生活科の授業にも活用される。そしてそこには大人の温かなまなざしと自然注視が生まれるであろう。

公園でなくてもそのような空間提供は可能である。1997年3月に竣工された都営住宅の建て替えで生まれた世田谷区内の深沢環境共生住宅は、元の居住者も参加して計画され団地で公園という空間はない。しかし、住棟の配置によって生まれた歩道的な空間がこどもの遊び場となっていて、住棟と住棟との間が回廊のようにデザインされており、こどもが身を隠すことができるような場所もあり、こどもたちは少しくらいの雨の中も遊んでいる。住棟の配置は中庭囲み型で、各住戸からこどもの遊んでいる姿が自然注視できるようになっている。

こどもの遊びには遊具などの安全性が確保されていることは重要な要素であるが、こどもの遊びはシーケンス、つまりつながりを持って遊ぶので、「回遊性」をそなえた遊び場を提供することも不可欠である。こども弊学会代表理事の仙田満が提案している「遊環構造」(4)を具現化している敷地を有する団地といえる。

こどもは一つのことを繰り返し、飽きるまで遊ぶと同時に、興味・関心が時間の経過とともに移るので、制限の多い、遊び場では興味は薄れていく。

一方、こどもは遊びを通して危険を学習する。「自分の責任で自由に遊ぶ」をモットーとした遊び場として有名な羽根木プレーパークでは、こどもは多様な遊びを生み出している。「遊び場と資金は行政が、運営は住民が責任をもって行う」という協働運営を行っている公園であり、プレーリーダーが配置されている。その公園でのこどもの遊びの実態をみていると、普通は規制されている遊びを男女の性差なく取り組んでいる。まさに挑戦しているといってもよいほどである。特に、夏には水遊びが好きで、ぬれることを気にせずに遊ぶこどもの本来の姿がある。中学生も学校の帰りによることが多く、小学校時代から遊んでいた場所でおしゃべりを楽しんでいる。この遊び場で注目すべきことは、こどもについてやってきた親が解放されていることである。育児に対する不安からの解放。こどもが生き生きと遊んでいる姿への安心感。親子関係の本来の姿であろう。

しかしこどもは幼児期から大人の期待の枠にはめられて育てられているために、自分の感情を抑え、他人が自分をどう見ているかが気になり、また否定的な態度で人と接することにより他者に対して優位にたとうという傾向が強いようである。豊かな人間関係をつくるためには、こどもたちに自尊感情を育てていくことも必要である。自尊感情のある子どもは、他人に対しても肯定的に捉えることができ、他人の気持ちを受け入れることができ、困難なことでも他人に頼らず、自ら解決しようという意欲をもつと言われている。

今、変化の激しい時代であるからこそ、地域の記憶を共有し、「センス・オブ・プレイス」を媒介としてこどもと大人がともに向き合い、ともに「居場所づくり」にむきあう姿勢が求められているのではないだろうか。今を生き、未来に生きるこどもたちの学びの場を学校内だけではなく、こどもの声を聴き、こどもとともに学び、こどもとともに考える場を地域に創ることが求められている。こどもの思いや願いを感じとり、こどもの話を引き出すきっかけをつくり、こどもの体験や言葉に関心を示し、共感し、感動を分かち合うことが人間関係にリアリティを与え、こどもの生活世界を豊かにするのではないだろうか。ワクワク、ドキドキする多様な体験を通してこどもは成長する。地域の多様な自然、美しさ、安心、安らぎを得るために何が必要なのか、自分自身何を求めているのか、他のこどもや大人との感じ方の違いを知り、さまざまな価値を認め合いながら生きていく場が「地域」である。

学校と地域が協働するコミュニティ再生の営みは各地に広がっている。「地域を活かした教育改革を進めるためには、地域の『いのち』との『つながり』を結ぶことが不可欠」で「この『つながり』が生まれたとき、人間を『丸ごと』形成するという、教育の大きな目標がはっきりとし、共有されていく」(5)のである。こうしたこどもの「内なる自然」を回復する学びの場を地域に創り出していくことが不可欠といえる。

しかし学校で体験を積み重ねるより、もっと求められていることは「遊び」ではないだろうか。遊びは、発達段階にともなって進化し、こどもの身体性、社会性、そして意欲的な心を育て、豊かな人としての成長を保証していくのである。

先に述べた「脳のメカニズム」からも明らかなように人間は他のほ乳類と異なって、人間として完成するまでお母さんのお腹の中で育つことが出来ない生きものである。生まれてから人間として成長していくのである。

自然の不思議さや大きさを感覚的にとらえていくこともこどもの育ちには必要である。北欧やドイツで活発に取り組まれている「森の幼稚園」では毎日、自然の様子が変化する森の中で過ごしている。そうした幼稚園で過ごしているこどもは人工的な保育環境で育てられているこどもより、健康で、運動神経が発達していて集中力が育まれていると言われている(6)。

こども環境学会が3・11以降福島県のこどもたちに体力低下や肥満傾向にあることから、福島県から受託してまとめた『ふくしまっこ遊び力育成プログラム―元気に遊ぶ子どもたちの育成のために―』では、なぜ、こどもに「遊び」が必要なのかを次のようにまとめている。また学会のホームページに掲載されている『遊びで育つこども』はこの受託研究を受けて小冊子にまとめ、福島県の保育士さんへの研修に用いている。さらに北海道では、冬季にこどもの外遊びが減少し、肥満傾向にあるこどもが増えている、という指摘を受けて北海道大会でのテーマに引き継がれている。

具体的には、遊びや自然体験、野外活動によるこどもの成育は次のようになる。

①身体の成長の方向性と順次性

こどもの身体の発達は頭から下部へ、例えば、頭－胴体－腕－手－指先へと発達が進む方向性がある。さらに個体差はあるが、順次性があり、大きな動きから細かい動きへと発達していくのである。例えば、首や背中の筋肉がついていないと寝返りは出来ない。そして寝返りすることで視野に入ってくる環境が今までと異なるので、はいはいの加速を早めたり、立ち上がって手に入れようとしたりする動機が手足の筋肉の発育を促すことにつながっているのである。

こどもの成長にとって遊びや運動は、脳や体の発達の土台づくりである。成長にともない、保護者から少し離れて、こども同士が「群れ」て遊び、互いに刺激し合うことでホルモン分泌も促進される。さらに自然や社会を含む環境との体験、知識や技能の獲得、他者とのコミュニケーションや日本の四季折々の変化からの感覚刺激によって脳神経回路のつながりが増えるのである。

②遊びは身体能力を育む

こどもが自然の中や公園や広場で遊び、身体を動かすことは、スポーツとは異なる体の動かし方をするので、特定のスポーツでは得られない身体の運動能力や敏捷性の獲得につながる。例えば、公園などに設置されているアスレチック的な遊具のロープで斜面を登る遊びは背筋や腹筋を使うことになり、背骨や骨格の成長の促進につながる。

こどもは小さな怪我をたくさんすることで、大きな怪我を避けることができるように身体能力を獲得していくことができるようになる。さらに、ちょっと危険なことにチャレンジすることで恐怖心にも打ち勝ち自立心を身に付け、さらに危機察知や危機回避をする、いわば"第六感"も、遊びによって鍛えられるのである。

③遊びは社会性を育む

「人生に必要な知恵はすべて幼稚園の砂場で学んだ」と言われるように、砂場でこどもたちが遊んでいるところを見ていると並んで遊具を使ったり、隣の子の遊具・おもちゃに興味をもつと黙ってとりあげたりするこどもがいたり、大きいこどもが小さいこどもに気を遣ったりしていたり、それぞれのこどもの個性の片鱗も見える。そうした遊びを通してこどもは社会性を獲得していくのである。さらにこどもは群れて遊ぶプロセスを通して自分たちでルールを決めて遊びに工夫をこらし、小さな社会をつくって遊んでいるのである。

先に述べた金澤一郎氏が述べることは「スキャモンの発育曲線」として高校の家庭科の教科書によく引用されている言葉で、神経系の発達は8～9歳くらいまでに発育していくのである。こどもの成長にこうした発育とともに、両親や周りの大人とのかかわりから社会性を獲得していくこと。そこで、社会性を身につけるためにも「特定の相手との間で築く心理的な絆＝アタッチメント」が大切であると言われているのである。

そうした上で、こどもは「遊び」を通してさまざまな能力を獲得してこどもたちは「群れて遊ぶ」、「けんか」をすることにより、他者の存在や自分の感情の動き、さらに仲間とルールをつくって遊ぶなどの調整的な能力をも獲得していくのである。

④遊びは意欲的な心を育む

現代のこどもは忙しく、親子ともどもこどもの生活時間を管理しがちで、遊び時間を生み出すことが難しくなってきている。「遊び」は「まねる」ことから始まる。大人のやっていることや、他のこどもがやっていることをまねながら、またみんなと遊ぶことで「快楽」のホルモンを分泌して楽しくなり、自分で工夫していく能力を獲得していくのである。

それは「意欲の醸成」につながる。こどもの生活をすべて管理するのではなく、幼児期から集中してものごとを進める時間を少しずつ増やしていくことによりこどもは好きなことを集中して出来るようになっていくのである。もちろん遊んで、食べて、排泄し、よく眠ること、そうすれば集中力も増していくのである。こどもの時間は全てつながっているので、細切れにならないよう親もともに遊び、楽しむ姿勢をもつことが大切なのである。

一方、こどものころの遊びの思い出や原風景は、人の人格形成や人生選択に影響を与えることもある。弊学会代表理事の仙田満の調査によると、次のように指摘されている(7)。

こどもの頃の原風景（遊びや空間体験）が現在の自分に影響を与えているかどうかを聞いた結果として、約80％が「大いにある」または「ある」と答えており、「潜在的にある」を含めると約90％の人が、遊びの原風景が現在の自分に影響を与えていると答えている、と述べている。

さらに「人生に必要な知恵は幼稚園の砂場で学んだ」(8)というベストセラーのエッセイがあるが、「人と仲良くする、けんかをしたら仲直りをする」ことは学校で教えることではなく遊びの中で体験を通して学ぶべきことであり、こどもたちは友だちとの遊びを通して人として成長していくのである、と仙田満代表理事はよく指摘している。

さらにこどもの遊び空間の貧困化に関しては、「都市化による遊びの貧困化」として、次のように指摘している(9)。

1955年から高度成長期を経て1975年頃までに遊び空間は、大都市部では1／20、地方都市でも1／10に減少し、特に自然の遊び空間が激減していると指摘している。その後の継続調査においても遊び空間の減少は続いていることが確認され、かつては2万㎡もの遊び空間が現在では2000㎡程度まで減少しているのである。学校の校庭や近隣の公園しか遊べる場所がないのである。

この原因は高度成長による自然空間の減少が大きな要因であるが、1980年代以降は、テレビやテレビゲーム、インターネットや携帯電話などの普及に伴う室内遊びの増加による影響も大きくなっている。遊びが成立する要素として遊び場（空間）のほかに、遊び仲間、遊び時間、遊び方法などがあるが、少子化、進学教育、メディア社会の進展などの影響により、遊び仲間も遊び時間も減少し、遊び方法も貧しくなっている。

その結果、こどもの劣化は著しく、特に、身体発達の面では、文部科学省の「体力・運動能力調査」において1985年頃から体力・運動能力の低下傾向が続いていることが問題となっている。

また藤沢市の教育委員会の5年ごとの経年調査では、学習意欲を持つ子どもが、この1965年から35年間で65％から24％へと減少し、2015年には31.3％となっているデータがある。しかし、それは「進学や受験のためになるから」であり、自分の将来のためにもっと勉強したいという生徒の割合は減っている。さらに「もう勉強はしたくない」という生徒の割合も増えていて、二極化が進んでいるようである。

青少年犯罪の増加やいじめの増加なども含めて考えると、こどもの心身両面における「劣化」ともいうべき問題が危惧される状況なのである。

5．こどもの野生を取りもどす

私たち、人間は幸せになるために生まれてきているのであり、その「幸せ」を実感し、こどもの笑顔が輝くまちであってほしいと願っている。先にも「あなたの子どもには自然が足りない」や「自然欠乏症候群」を紹介したが、近代化は、2つの自然破壊を引き起こしてきている、ととらえている。

一つは、自然災害や環境破壊という「外なる自然」破壊であり、他の一つは、「内なる自然」破壊である。現代のこどもたちの笑顔が輝き、こどもの「内なる自然」を豊かにしていくこと、すなわちこどもが本来もっている「野生」を取り戻すことがこどもたちの成育に求められているのである。

一般的に、こどもの遊びには名前がある。例えば、「みたて・つもり遊び」は何かになったつもりで遊んだり、代用品を本物に見立てたりして遊ぶ。ごっこ遊びはままごとに代表されるように生活の中で体験したことを再現して○○ごっこを楽しむのである。また構成遊びは自分で工夫したり、組み立てたりして遊ぶ。でも大事な遊びは自然の中での「名もない遊び」で、身体全身を使って遊ぶことである。

自然の中で遊ぶことによって自然の変化、例えば緑の色も日々変化に気がつくし、木々の葉のつくりや葉脈のカタチも木の種類によって異なることを発見したり、そのことを親子や友だちと話したり、共有することで言語の獲得にもつながり、こどものボキャブラリーを増やしていくことになる。そしてさらに図鑑などで調べることでこどもの生活世界は深まり、広がっていくのである。

さらに視覚、聴覚、触覚、味覚、嗅覚という五感は成長にともなって獲得していく。こどもの成長に関して重要なことは、こどもは親の庇護を受けるように生まれてきていることである。寝ている時に、生理的微笑（ほほえみ）を見せる。これも大人から庇護をうけるように、生きものとして生きるために獲得してきた能力である。それと同じようにこどもは自然の中で身体を思いっきり動かすこと、走ったり、斜面をかけ上ったり、川遊びでの水とのふれあい、葉っぱに触ったり、虫とりをして生きものの不思議さを感じるためにも自然の中で遊ぶことが大事で、豊かな成長につながっていくのである。暗い空に満天の星空を見ることも、こどもの想像力を育むことにつながる。月の黒い部分に古来から人間はいろいろイメージ力をふくらませて「物語」を生み出してきたのではないだろうか。

遊びには発達の段階がある。遊びは年齢とともに変化していく。発達段階に対応した遊びと次の段階への挑戦を促す遊びを提供できる環境づくりが必要である。

一般的には、感覚遊びや運動遊びは0歳から、模倣（想像）遊びや受容遊びは1歳頃から、構成遊びは2歳頃から、ルール遊びは4歳頃からなどといわれる。

身体・運動機能は3歳ころから大きく発達し、多様な運動遊びが可能となる。4歳頃には集団遊びや高度な運動遊びができるようになり、5歳頃にはダイナミックな活動、複雑なルールのスポーツ遊びも可能になる。6歳を超えると技を競う運動に挑戦するようになり、近隣の公園でのこどもの遊びを観察していると、こどもたちはルールをつくりながら遊び、何度も何度も挑戦している姿を目にする。一方、そうした年長者の遊びを幼いこどもはマネをして成長していく様子がうかがえる。

1965年頃までは、まちで当然のように見かけた、こどもたちの群れ。しかし、現在ではなかなか見かけることがなくなってしまっている。こどもたちの本質的な部分はおそらく変わっていないので、本来であれば群れて遊ぶ姿が今も見られるはずである。

しかし、こどもを取り巻く環境があまりにも変化し、また、こどもたちが気軽に集まれる場所もまちから消えている。

遊びの質の変化によって、群れて遊ぶ楽しさを知らないまま大きくなっていくこどもたち。しかし、コンビニエンス・ストアの駐車場に群れているのは、本当は群れたいという気持ちの表れではないだろうか。ほかに群れる場所がないからではないだろうか。

群れて遊ぶことがなくなったことで、社会性やルールを身につけたり、人の痛みや優しさに触れたりする機会も減っている。今、こどもたちに群れて遊ぶことを復活させ、「人間力復活」の鍵ともなる取組みを地域社会に期待していきたい。

【参考文献】
（1）野田正彰、前掲書（第1章）
（2）「体験の風をおこそうフォーラム」（2010.7.16青年館）での金澤一郎氏講演「体験によって脳は育つ」の傍聴より
（3）http://www.niye.go.jp/houkoku_srch/chosa_cts.php?insid=117

(4)仙田 満『子どもと遊び—環境建築家の眼—』岩波新書、1992
(5)手島勇平・坂口眞生・玉井康之『学校という"まち"が創る学び』ぎょうせい、2003
(6)岡部 翠、前掲書(第1章)
(7)仙田 満『こどもと住まい』住まいの図書館出版局、1990
(8)ロバート・フルガム(池央耿訳)『人生に必要な知恵は幼稚園の砂場で学んだ』河出書房新社、1990
(9)仙田 満、前掲書(4)

第3章 小さな自然体験が確かな育ちにつながる

――こどもを過保護にしていませんか？

1．こどもの自然体験の必要性の声の高まり

こどもが自然とふれあうことは、生態系の一部である人間として当たり前としてとらえられているのだが、現実には自然はきたない、虫が怖い、汚れるなど否定的な見方で保護者がこどもにドロ遊びもさせないなどの状況にある。

こどもの成長過程において、自然にふれて、刺激を受けて五感を磨き、自然の変化の美しさに感動を得ていくことは、自然の豊かな恵みを享受する自然への理解を深めていく第一歩といえる。

しかし現代のお子さんたちは集合住宅居住者も多く、身近な環境に小さな畑もなく、さらに自然の中での遊びも少なく、けがをさせないように包装緩衝剤のプチプチで包まれているような状況

にあるのではないだろうか。

こどもから大人からまで自然の豊かな恵みを享受する自然とのふれあいは、人間が生きものとして自然の生態系の一部であり、自然への感動をさまざまな世代を通して共有し、自然との共生への理解を深めていく基本的な行動といえる。

しかし都市化の進展によって身近な自然環境が消失し、人工環境が増えるにつれて「外なる自然」破壊という生活型・都市型公害問題や地球環境問題が深刻化しただけでなく、「内なる自然」破壊という人間としての本来もっている感受性や五感の劣化、さらに人間関係や対人関係のつまずきによるいじめ問題の拡大、孤独への不安などが起きてきている、といえる。

例えば、近年のこどもに共通する性格傾向として、いじめの現場を見ていても何も出来ずに同調していじめ側に回ってしまう、夜型生活よる生活リズムの乱れ、自己中心的、パニックに陥りやすい、粗暴であるなど、が指摘されている。一方、柳田邦男氏は現代のこどもたちがかかえるネットをはじめとした便利すぎる世の中の影響を警告している(1)。

この背景には、第1章や第2章で指摘したように、こどもの自然体験や生活体験が不足しているのではないか、あるいは、自律神経の調整の乱れや大脳の活動水準の低下など、こどもの発達に多くの疑問が寄せられている。そして多くの多様な自然体験が必要という声が高まってきている。

実際、大学で長く教員を続けてきていると、若い方たちの常に緊張した身体や自律神経調整の不全による体調管理のまずさなどを実感する場面を多く目にしている。

一方、地球環境問題による異常気象や身近な自然の変化などにより、「人と自然」の関係性を再構築しなければならないという声も高まってきている。すなわち自然共生型社会をつくることが国の環境戦略としてうたわれていても、「自然への感受性」や「自然の変化に気づき、共感する力」も劣化しているといえるのである。

先に「自然欠乏症候群」として紹介した本は2005年にアメリカで出版されているが、日本では、『あなたの子どもには自然が足りない』（春日井明子訳・早川書房）として1996年に出版されている。この本では、「自然欠損障がい」という日本語が用いられている。

そこでは「自然欠損障がいとは、自然から離れることで人間が支払う対価であり、そこには感覚の収縮、注意力散漫、体や心の病気を発症する割合の高さが含まれる。この障がいは個人、家族、そして地域にも存在しうる。自然不足は、都市の人間の行動さえも変え、ひいては都市のデザインすら変える要因となるかもしれない。なぜなら、長期的な研究から、公園や空き地の不足、あるいはその利用のしにくさと、犯罪発生率の高さや気分の落ちこみなどといった都市における病理とのあいだに関連があることがわかっているからだ。」と指摘されている。

こうした状況について、子育て中の親御さんにどのように警告していくかは重要な課題であり、こども環境学会としての大きな課題となっている。

2. 自然体験は「サプリメント」として与えることはできない

「自然は人間の苗床」といわれているように、幼児の時から自然とのふれあいの機会を多くもたせることによって、こどものみずみずしい感受性や五感を刺激することが不可欠である。前章でも指摘したように、レイチェル・カーソンはこどもたちに生涯消えることのない「センス・オブ・ワンダー（神秘さや不思議さに目を見はる感性）」をもち続けさせることの重要性を指摘している。武田信子氏は「サプリメントとしての自然体験」として「体験を与えられる子どもたち」として「その体験は本物ですか？」と問うている(2)。

幼児期から草花や小さな生き物に触れるという自然体験は本来人間がもっている五感（官）を刺激し、好奇心をはぐくみ、感動を知り、豊かな感受性の発達をうながす基本的な要素である。自然と直接触れるなどの自然とのかかわることにより、こどもたちはさまざまなインスピレーションを感じていくのである。

そうした基盤により自然の変化や状況を読み取る力をつけ、その上に生活体験や社会体験を積み重ねていくことにより、自然界のさまざまな現象に対する興味・関心を喚起させ、「なぜ」「どうして」という疑問や想像力を働かせて、創造性を発揮していくといえる。例えば、筆者は15年以上、某新聞社が主催する小・中学生の自然観察研究論文の審査を行っているが、十分に「自然観察」している小・中学生が不思議を発見し、探究し、大学生を超える論文をまとめていく姿に毎年感嘆の声を上げ、日本のこどもたちは理科離れしていないと実感している。

ところが近代社会は「土壌を耕す」こと、すなわちこどもたちに感動や時間の流れを感じとる心の働き、生命のつながりの中で生きていることを「体験」することの重要性を無視し、想像力や創造性の基盤としての豊かな感受性を育むことを捨てさせてきたといえる。

こどもにとっての自然にふれることは、「サプリメント」として薬を与えるように自然体験をさせることではなく、こどもの「内なる自然」を豊かにする出会いがあり、太陽、水、土、泥、緑などにふれることや、小さな昆虫の命に自分の命を重ねたりして、多種多様な生命とのつながりを実感していくことと考えている。

3.「体験の力」を大切にしよう

こどもは「遊び」を通してさまざまなことを学んでいく。さらに昔から「寝る子はよく育つ」と言われてきている。そのことを証明したのが、東北大加齢医学研究所の脳科学者の瀧靖之教授（2012年12月プレジデントオンライン）らの実験である。

「平日の睡眠時間と海馬の体積には、有意な正の相関が見られた。わかりやすく言うと、睡眠時間をより長く取っている子供は短い子供に比べて、海馬の体積が大きいことがわかったのです」と述べている。さらに「寝る子は脳も育つ？」ということも実証されたという。睡眠時間が短い子ほど、脳で記憶をつかさどる「海馬」の体積が小さいことが判明。小学生で8時間以上、中学生で7～9時間の睡眠を取ることを勧めている。このことは、後で引用する著書『アウトドア　育脳のすすめ』でも述べられている。

前述したように脳科学の研究では、睡眠時に成長ホルモンが分泌することも明らかである。「群れて遊ぶ」ことも脳の発達に不可欠である。そこでこどもの脳の感受性期の高い幼児期から10歳頃までに自然に触れさせる体験を多く積ませておくことが求められているのである。

前にも述べたように、こどもの遊びには名前が付けられている。例えば、「みたて・つもり遊び」

は何かになったつもりで遊んだり、代用品を本物に見立てたりして遊ぶことであるし、ごっこ遊びはままごとに代表されるように生活の中で体験したことを再現して○○ごっこを楽しむのである。また構成遊びは自分で工夫したり、組み立てたりして遊ぶのであるが、大事な遊びは自然の中での「名もない遊び」で身体全身を使って想像力を用いて遊ぶことである。

身体の発達には順次性があり、遊びは脳や身体の発達の土台づくりの基本といえる。「賢さのレベルは好奇心の高さにあり、その好奇心は外に向かっている」と先に引用した東北大加齢医学研究所の瀧靖之教授は『アウトドア　育脳のすすめ』（山と渓谷社）(3) で指摘している。

さらに「自然は子どもが賢く育つ可能性にあふれた宝の山」とも指摘し、「大人はチョウをみてもそれほど感動はしませんが、小さな子どもは美しいチョウを初めて見て、感動するのです。小さな頃のほうが脳への働きかけの効果が大きいですし、自分の世界観や価値観、興味、好き嫌いなどは、10歳ぐらいまでに固まるので、子どもの知的好奇心を刺激するアウトドアに出て行くのは、早ければ早いほどよく、驚きや感動は大きい」と指摘している。自然は「好奇心＋五感の刺激」で脳を育てる、として次のように効用を述べている。

・自然（アウトドア）は子どもの自己肯定感を育てる
・アウトドアは強いこころ「レジリエンス」を育てる

・自然での体験は子どもの思いやりのある優しい子に育てる
・アウトドアは問題解決・問題遂行能力も鍛える
・お気に入りの図鑑とアウトドア育脳を始めよう
・親子で一緒に体験することが大きな教育効果を生む
・ほめることがたくさん見つかる！ 親子のアウトドア活動は究極の育脳

筆者は、某企業が展開している自然活動の審査員を二十年近く行っているが、毎年、自然観察や環境保全活動の取組みの発表やプレゼンをうかがっていて感動するのは、自らの体験を通して獲得した自分の言葉で語っている姿である。「豊かな体験」はことばを豊かにし、想像力を高めていると実感している。ある時、発表していた小学生は「人は自然からたくさんの恵みをもらっている。だからお返ししなければならない」とサスティナビリティの概念を自分のものにして発表していた。

現職の大学教員当時、小学校のこどもたちの作文を分析しり、筆者が作成して授業で使っている中学校の副読本を読んでの作文を毎年読ませてもらっているが、体験の豊かなこどもの文章は生き生きとした表現力で、語彙も豊富で、コミュニケーション能力が高い。一方、体験の貧弱なこどもの表現は抽象的で訴える力が弱い傾向にある。豊かな言語能力は、自分の気持ちを他者に伝えたり、人の気持ちを想像する力になると実感している。

一方、わが家の近所に少し大きめの公園（街区公園で１０００平方メートル）があり、午前中はお母さんと乳幼児期のお子さんが遊び、午後のある時間帯になると学校を終えたこどもたちが思い思いの遊びをしている。群れて遊ぶ子もいれば、野球のバットを振り回したり、サッカーボールを数人の男の子たちが足で捌いていたり、少し疲れ気味の女の子たちは柵に寄りかかりながらおしゃべりに夢中。

そうしたこどもたちの遊びを見ながら小学校４年生のお子さんを持つお母さんとおしゃべりをしていたときの話。「今の若いお母さんはご自分が小さい時に遊んでいないので、こどもをどのように遊ばせて良いのか分からないのでは」という。

さらに「外遊びをするより机に向かって勉強することや学習塾と同じようにスポーツ系の塾に行かせる傾向にある」というのである。自分が遊んでいないと、どのように遊ばせれば良いのかがわからない、こども同士の喧嘩にどれくらい介入すればいいのかがわからないから、公園について行くのは嫌という若い親御さんもいるようである。

親はともすると教育的なことには、熱心に取り組むが、遊ぶことによる身心の発育と発達には無頓着な傾向にある。

高齢期になると手すりにつかまらないと階段を上がれない、足腰が痛いなどの運動器症候群（ロコモティシンドローム）が増えくるが、そうした症候群の予備軍がこどもたちにも表れてきているといわれている（NHK「クローズアップ現代」２０１４年4月23日放映）。

かかとをつけてしゃがめない、腕がまっすぐ上がらない、骨盤が硬くて前にかがめないといったこどもの運動器の異常を指摘する声が多くなり、文部科学省も抜本的な対策に手を付けはじめている。

学校のトイレで和式トイレが使えず、足型をおいて便器の後ろを汚さないように配慮している学校もある。

先のテレビでの場面を観ていると、サッカー少年のスクワットができない場面が放映されていた。スポーツでは鍛えることの出来ないしなやかな身体の動かし方の獲得やこども同士が「群れ」て遊び、互いに刺激し合うことで脳のホルモン分泌が促進されるのである。

4.「過保護なこどもたち」――こどもにもっと危険な遊びを

こどもの遊びに関してパソコンで検索をしていたある時、次のようなニュースを目にしたのである。

オランダの消費者安全団体（VeiligheidNL）（2017年4月9日配信）が、こどもたちに「もっと危険な遊びをさせる」よう親たちに呼び掛けるキャンペーンを展開している。（https://headlines.yahoo.co.jp/hl?a=20170409-00010000-clc_teleg-eurp）

オランダのこどもたちをめぐっては、国連児童基金（ユニセフ、UNICEF）が、先進国で最も幸福と評価している。しかし、オランダの消費者安全団体は、彼らが「過保護」にされているだけと考えているのである。そこで同団体は、「危険を伴う遊び」と題したキャンペーンを展開していたのである。「子どもたちには、適切な監督のもとで折り畳み式のナイフで遊んだり、木登りをしたり、火遊びをさせるべき」と主張している。さらに「ひとりで自転車通学する子どもは日常的に目にするが、親や学校、そして政府がますます過保護になっているために、子どもたちは自力でリスクに対処するすべを学ぶことができない」と指摘している。

キャンペーンのプロジェクトリーダーを務めるジュディス・クイパー（Judith Kuiper）さんは「子どもの肥満問題が悪化しているため、さらなる運動を促し、もっと健康的な食事をさせようという取り組みがある」、「実は、この取り組みにはさらなる目的がある。われわれが『リスク対応力』と呼ぶものを目標に、子どもたちをより自立させ、しっかりと自分の身を守ることができるようにすることだ」と語っている。

なぜ、こうしたキャンペーンが展開されているのであろうか。

キャンペーンのウェブサイトでは、こどもを持つ親を対象にアンケートを実施している。5歳の子に木登りをさせるか、6歳の子に付き添いなしで友だちと公園で遊ばせるか、7歳の子にキャンプファイアの火をつけさせるか、といった質問が出されていた。これらの質問は、高いところや危険な場所、スピードが出るものや危険なもの、さらには荒っぽい遊びや、親の目の届かないところでの遊びを示唆する内容となっていた。

この研究は、オランダの世論調査機関TNS NIPOが行ったもので、オランダの1000人の親たちに対する調査に触発されたものだという。この調査では79％の親が喜んでこどもたちにリスクを伴う遊びをさせるが、けがなどの不安がつきまとうと回答し、残りはリスクを伴う遊びを支持しなかった、という。

こうした警告が発せられる前に、日本の法務省に勤務していた友人から紹介された論文がハンナ・ロージン著「過保護な子どもたち　The Overprotected Kid」である。ハンナ・ロージンはイギリス人で2014年3月19日に論文を配信している。

その具体的なテーマは、「安全を優先するあまり、自立性、リスクの経験、発見などが幼少期から不必要に奪われている。新しいタイプの遊び場が解決策を提示する。」として、日本の冒険遊び場のモデルとなった事例が紹介されている。

冒険遊び場のプロトタイプは、１９４３年にデンマークで始まったコペンハーゲンの「エンドラップ廃材遊び場」にあり、日本では大村虔一さんが語る『プレーパークのはじまりと思い』（プレーパークせたがや機関紙「プレせた」16号、２０１８年７月）に、その思いや願いが語られている。冒険遊び場づくりの大きな影響を受けるのは、大村さんがアメリカ滞在中に入手したオリジナル本のレディ・アレン著の〝Planning for Play〟（「都市の遊び場」）であり、奥さまの璋子さんとお二人でその本の翻訳を行い、「自分たちが夢中になったこども時代の遊びを生み出せるような遊び場をつくっている国があるんだね」と話していた、という。

そうして出版されたのが大村虔一、大村璋子訳『都市の遊び場』（鹿島出版会、１９７３年）である。詳細はプレーパーク世田谷などの冒険遊び場のホームページを参照していただきたい。ただ、その中で大村さんが述べている次の点は、とても重要と考える。

子ども時代というのは………（大村虔一さん談）

自分のこどもの頃は、朝目が覚めると、昨日の楽しい思い出に心が躍って飛び起きた。朝ごはんもそこそこに昨日の名残の場所、または友だちを求めて急いで外に飛び出す。学校だって、始業前缶けりで遊ぶんだから早く行きたくなる。……子どもが生きていて、楽しく毎朝目が覚める、面白いこと、楽しいことがある、今日一日やってみたいことがある、そういう体験をさせるのがとても大切なのではないかと思う。今受身の生活を強いられている子どもたちに、自分の意志で行動する楽しみを味わわせたい。それは生きる力であり、それを身に付けさせたい。あなたのまちにぜひ冒険遊び場をつくって欲しい。30年前よりも今になって、冒険遊び場を広げたいという思いは強くなっている。

一方、ハンナ・ロージンは「冒険遊び場」を次のように紹介している。

「冒険遊び場」は、造園家で福祉活動家だったアレン・オブ・ハートウッド卿夫人の取り組みによって1940年代のイギリスに急速に広まった。婦人はドキュメンタリーの中で自身が「アスファルト広場」と呼んだ、「いくつかの遊具」を備えただけの遊び場に心を痛めていた。夫人は、子どもたち自身の手で即席の構造物を創造できるよう、子どもが動かしたり模倣したりできる動かせるパーツのある遊び場を設計したいと思っていた。それ以上に、夫人は大人がなるべく口出ししない「自由で解放的な雰囲気」を広めたいと思っていた。それは、子どもたちが彼らにとって「本当に危険なリスク」に立ち向かい、自分たちでそれを乗り越えるべきだという考えによるものだ。夫人はそれが自信や勇気を育むのだと唱えた。

「子どもの健全な発達にはそれなりのリスクが不可欠である」と著名な安全性専門家のジョー・フロストは言う。

安全に対するこだわりの核心にはレディ・アレンとは正反対の「子どもはか弱くて知力もなくて、あらゆる状況でリスクを判断できないものだ」とする見方がある、とティム・ジルはリスクを嫌厭する社会についての批評「No Fear（怖いもの知らず）」で指摘している。「今日の我々は子どもが物理的社会的感情的に難しい局面に自ら対応し得ない存在だと想定している」。

さらにハンナ・ロージンは「子どもは危険を経験してみたい感覚的な欲求を備えている。火のそばで遊んだり、高いところに行ってみたり、早すぎるくらいのスピードで動いてみたいものなのだ」と述べ、エレン・サンゼターは次のように指摘している。

サンゼターはノルウェーの遊び場で子どもを観察し、インタビューを行い、その結果を2011年に「子どものリスクを含む遊びに関する進化論的考察：恐怖を覚えるような経験による恐怖心克服の効果」にまとめている。

彼女は、子どもは危険と興奮を体験せずにはすまない感覚的欲求を備えていて、それを満たすためには、必ずしも危険である必要はないが、何か大きなリスクがあると「感じる」ことが必要なのだと結論づけている。怖いけれども、その怖さを乗り越えることが重要なのだ、と。

サンゼターの論文では、リスクのある遊びを以下の6種類に分類している。

①高いところに行くこと、あるいは「鳥の視点」と彼女は説明するが「怖さの感覚を感じるまで高く登る」こと、

②危ない道具を扱うこと、よく切れるはさみや包丁、重い金づちなど、一見子どもが扱えないように見えるものでも使えるようになること、

③危ないもののそばに近づくこと、水や火の近くで遊び、身近に危険があることを認識すること、

④レスリングや戦いごっこなどの荒っぽい遊びを通じて、攻撃性や協調性の駆引きを身に付けること、

⑤自転車やスキーなどで早すぎると感じるくらいまでスピードを出すこと、

⑥一人で探検すること。

特に6番目の点が一番重要で、「一人ぼっちになって、子どもが自分の行動やその結果に全責任を持つようになるということは、こどもにとってとてもスリリングな経験なのです」とエレン・サンゼダーはハンナに述べている。

子どもたちが遊びの中でリスクをとる本能を生まれながらにもっているのは、歴史的にリスクの駆引きを習得することが生き残りに重要だったからだ、と述べている。

過去には、子どもたちは危険から逃げたり、他者から身を守ったり、一人で行動したりしなくてはならないこともあった。現在でも成長過程というのは恐怖心を抑えたり、正しい判断を下すことを学ぶためのプロセスである。

リスクのある遊びをすることで、子どもたちは自らを疑似体験療法の一種に効果的にさらしているといえる。すなわち、子どもたちが恐怖心に打ち勝つためには、怖いと思っていることをせざるを得ないのだ。しかし、このプロセスを経験しないと、恐怖心は恐怖症になりうる。逆説的だが、大人の「子どもたちが傷つくことへの恐怖」が、多くの場合限定的な形とはいえ、「怖がりの子どもを増やし、精神病理学のレベルを深刻にさせているかもしれない」とサンゼターは指摘している。5歳から9歳の間に高いところから落ちてケガをした子どもたちのほうが18歳の時点でその経験がない子に比べて高さを怖がることがない傾向にあるとの研究を引用して、「高い場所でのリスクのある遊びが感覚を鈍らせるか慣れさせる経験をもたらす」と分析する。

サンゼターのリストにあったリスクを伴う6つの遊びのカテゴリーの中で現在の親世代を最も神経質にさせるのは、子どもが迷子になったり大人の監視の届かないところに行ってしまうことだ。「子どもは一人で行ったり、大人の目の届かないところで探索するのが好きなのだ」と説明する。「見知らぬ場所を自分ひとりで歩き探索する機会があれば、そうするのは子どもの本能」であり、この体験を通じて子どもは「迷子になることのリスクと危険を感じるという経験」を得るのだという。9歳までの親から離れた経験の数が18歳での離別の不安と反比例することから、サンゼターは「予防効果」を指摘している。

一方、学位論文執筆に取り組んでいた1970年代のロジャー・ハートの研究によれば、子どもたちは自由時間の多くを親の目の届かない秘密の場所で遊んでいた、と指摘している。「子どもの文化の衰退」に伴って何が失われたのかをハートは考えずにはいられない。その文化のなかで、子どもたちは「自分たちで活動を編み出し、親たちよりもずっと詳しい子どもたち自らのコミュニティのようなものを創造していたのだ」と述べている。

一方、2011年初めにニュージーランドのスワンソン小学校では大学の実験に協力し運動場の使用規則を一時的に取りやめて、子どもたちが走ったり、木に上ったり、泥だらけの坂をすべり下りたり、ブランコから飛び降りたり、小さな冒険遊び場のような様々なパーツを組み立てて遊ぶ場所を作って遊ばせることにした。教師たちは混乱に陥るだろうと予想したが、実際には悪ふざけやいじめが減ったのだった。子どもたちはやりたいことに夢中で問題を起こしている場合ではなかったのだろう、と校長は話している。

心理学者ピーター・グレイ（ボストンカレッジ）は『遊びが学びに欠かせないわけ』（吉田新一郎

訳、築地書館、2014年）という著書の中で、かつてのような幼少期の文化が失われたことに由来する副次的影響についてまとめ、抑うつ、自己陶酔症、他者への共感の低下などが、ミレニアルズ世代と呼ばれる1980年代以降に出生した若者にありがちな病気であることを指摘している。

全米大学カウンセリング協会が、この10年で精神科で投薬を受ける大学生が急増したことを明らかにしているほか、臨床心理学者たちは様々な文献を通じてこの年代の若者が直面する特徴的なアイデンテティ・クライシスを指摘しており、ニューヨーク在住の心理カウンセラーのブルック・ドナトンは成長することへの恐怖を「思考不能」と表現している。

さらにグレイは論文の中で、ウィリアム・アンド・メアリー大学の教育心理学者で『創造の危機』を2011年に出版したキョンヒ・キムの研究に注目している。

キムはトーランス式創造性思考テスト（TTCT）の結果を分析し、アメリカの子どもたちの点数が10年以上の間に著しく低下していることを発見した。テスト結果から、感情表現の低下、活動の低下、会話表現の低下、ユーモアの低下、想像力の低下、革新性の低下、やる気の低下、認知力の低下、一見関連性のないものをつなぎ合わせる能力の低下、総合力の低下、多角的視野の低下などが明らかになった、という。

イギリスでは安全へのパラノイアは弱まってきている、という。イギリス版の消費者製品安全委員会は最近声明を発表し、「挑戦することもなく、学びを広げたり能力を伸ばしたりする事を妨げるような無味乾燥な遊びの環境」は健康と安全に関する誤った懸念に基づいており好ましくないと呼びかけている。

ミドルセックス大学のリスク管理の専門家デイビッド・ボールは、イギリスにおける傷害の統計を分析し、ゴム製の床材でさえ、たいした変化をもたらしていないと次のように「遊び場の特殊な表面加工の導入は子どもの安全についてほとんど効果なかったといっていい」と指摘している。さらに、検証の結果、上腕骨や大腿骨などの長骨の怪我は頭部の怪我よりもずっと多く、かつ、増加していることを突き止めている。これは「リスクの代償」、すなわち子どもたちはゴムの上に落ちても大丈夫だと思う故に注意を欠いて、かえって怪我が多くなってしまう、という。

日本における冒険遊び場やプレーパークでのけがに対して、一般社団法人TOKYO PLAYの代表理事・嶋村仁志さんは次のように述べている(4)。

「プレーパーク」という名称で徐々に広がりつつあります。公園の一角や河川敷、里山など私有地を使わせてもらって不定期で設置する、あるいは月に1回、年に数回といった具合に定期的に設置するものについてはだいたい400カ所くらい。常設のものは20~30カ所くらいあり、「自分の責任で自由に遊ぶ」という看板を掲げています。

リスクは、挑戦につきものの危険です。株投資はリスクを伴うものですが、そのリターンはお金ですよね。子どもの遊びの場合、リターンは達成感や友だちと協力した思い出などになるでしょう。それらは大いに味わわせてあげなければなりませんが、一方でハザードという危険もある。

これは、子どもの目には見えない隠れた危険、子どもが自ら選びようがない危険のこと。たとえば、子どもがいかにも走り込みそうな場所にある柱から飛び出ている釘などです。そういったものは、大人がきちんと排除しなければなりません。

いま、目の前で子どもがある遊びに挑戦しようとしている。それに伴うリスクはどれくらいのものなのか、どんな工夫をすればどれだけ減らせるのか。そして、子ども自身がどれだけ「やりたい」と思っているのか、やったことでどんなものを得られるのか。それらを総合的に判断し、子どもにチャレンジさせるかどうかを決めるのです。

なお、アメリカがイギリスの傾向に同調するかはわからないが、明るい兆しはある。アメリカ人のあいだでヨーロッパ発祥の「森の幼稚園」(そこでは子どもたちは指示をほとんど受けず、自然の中で自由に探索する)への関心が高まっている、とハンナ・ロージンは指摘している。

さらに、本当に文化的に変わらなければならないのはむしろ親のほうだ。大きな危険因子を回避するのと、子どもの安全(あるいは豊かさ、幸せ)を最優先して全ての決定を下すことは、まったく別物であることを理解しなくてはならない。われわれが完璧な子どもを創造できないように、子どもたちに完璧な環境を作ることはできない。そうできると思うことはただの妄想に過ぎず、しかも非常に危険な妄想であることを、非常事態が起きたらぜひ思い起こして欲しい。

一方、2002年イギリスのロンドンの郊外の一般のご家庭に短期滞在し、こどもの施設などを調査していて驚いたことは、遊び場の中に入れなかったことである。ハイドパークの西にあるダイアナ妃を記念して造られたこどもの遊び場での経験である。樹木の上からはイギリスでお決まりの海賊船のマストが見え隠れしていて、こどもの遊ぶ歓喜の声が聞こえていたが、こどもを同伴していない私は入園を拒否された。さらに、滞在先の庭は区の公園に隣接していて裏木戸からは公園の中に入ることができたが、とても厳しい規定があった。アルコールはご法度で夜の6時以降は締まってしまうなど、こどもを守る姿勢は日本に比べて厳しいと感じていた。

5. 野外保育の驚くべき効果

1章でも少し触れたが、こどもの保育園の整備状況によるこどもの自然にふれあいにより成育の状況を日本野外生活推進協会顧問の高見幸子さんは、次のように指摘している(5)。高見さんはスウェーデンに暮らしているが、日本に戻られたとき調布市内での講演をうかがったことがある。日本野外生活推進協会東京支部の主催での北欧の『森の学校』を紹介する講演会であった。

その講演会でもうかがったのだが、先のスウェーデンの『森のムッレ教室』でも紹介されている。

スウェーデンの典型的な都会の保育園であるL保育園と自然を生かした大きな庭のある野外保育園のS保育園を一年間、保育園児の遊び遊び場の重要性について比較し、保育方針と保育環境の異なる2つの保育園を比較調査した結果を引用して述べている。

L保育園の庭はプロの造園家が設計し、近隣の住民に配慮して庭を常にきれいに保っていなければならず、したがってこどもたちは遊んだ遊具をそのままにして帰宅することはできず、遊びも決められた時間内に終えなければならず「遊びの可能性」は無視されるという。一方、S保育園の庭では、遊び場には制限がなく、遊び方も自由に創造していくことができるので、こどもたちは自分たちのファンタジーをかぎりなく膨らませることができ、「遊びの可能性」を生み出しているという。その調査研究に携わった研究者は「S保育園の方が遊びの内容が深く、創造性の豊かな遊びをしている」と指摘している。すなわち「遊ぶ環境が子どもたちの想像力を高め、遊びの内容をより創造的にしている」というのである。子どもにとっては、遊び場そのものが格別に美しい必要はなく、そこでどんな遊びができるかが最も需要なのであり、大人の「子どもであればどんな環境でも遊ぶことができる」という思いこみの傾向を排除すべきとしてきしているのである。

さらに「健康」「運動神経の発達」「集中力」などの面からも良い効果があると指摘している。

まず、健康面は野外保育を行っているS保育園の病欠が少なく健康であると指摘している。さらに運動神経の発達においては、身体の柔軟性や握力、幅跳び、腹筋力、バランス力がS保育園の方が優れているという。野外保育園では木登りをしたり、垣根をくぐったりという動作を常にしているので、自然と身体の柔軟性や背中の筋肉と腹筋、バランス力やコーディネーション能力が鍛えられる、という。さらに集中力をはかる尺度で調べてみるとS保育園の子の方が集中力が高く、実際に、活発でスピーディな遊びとゆっくりとしたテンポの遊びを交互に替えながら自分たちの能力とニーズに合わせて遊んでいると指摘している。

日本でも「森の幼稚園」などが盛んに取り組まれている。ここでは筆者が視察したことがある東京都内郊外にある某幼稚園でも自然教育、体験教育を通して「豊かな心の育み」と取り組んでいる幼稚園、保育園も増えてきていると実感している。

例えば、八王子にある首都圏の近郊に立地する東京ゆりかご幼稚園の取組みを朝、登園する時か帰宅までを視察させていただいたが、豊かな地形と自然を生かして、五感を刺激する体験を通して主体性を育み「生きる力」を育てている。次のような5つの自然体験ゾーンを十分に活用している幼稚園といえる。

①棚田（田んぼと畑）：凹凸や回遊性のある変化にとんだ地形で栽培活動をするだけでなく「大きな遊具」としてとらえ、栽培活動にとどまらずこどもの身体を遊びながら鍛えている。

②冒険の丘（山遊び）：大きな坂を上り下りしながら、冒険心や挑戦性を育んでいる。

③小川ビオトープ：棚田から流れ落ちる地下水を小川として生き物が棲むようにしている。

④草原ビオトープ：多様な野草が生い茂るエリアで、昆虫や他の生き物と出会うようになっている。

⑤森の広場：森の劇場やキャンプファイアなども行えることができ「森のあそび」が楽しめるようになっていて、こどもの表現力の育成も自然の中で行える。

そのほかに、ツリーハウスやあおぞらキッチンもあり、見学者が多いのもうなずける幼稚園である。山登りを趣味としていたはずの筆者は、その日の夜、足の筋肉通に悩まされたほどである。

特記すべきことは教員だけに園庭の整備を任せるのではなく、2名ほどのスタッフの常駐で、きめ細やかに修理やこどもたちの要望に応えるべく働いていたことである。先に紹介した嶋村仁志さんが述べるところのリスクとハザードへの対応である。

6. 親自身が自然嫌いではありませんか ―親自身がこどもと一緒に遊ぶ―

D・ソベル著作（岸由二訳　日経BP）に『足もとの自然から始めよう―子どもを自然嫌いにしたくない親と教師にために』という本がある。

戸建て住宅にお住まいの家庭においては、庭や小さな畑の手入れを家族みんなで進めることが可能である。

日本のほとんどの学校には「畑」があり、生活科が始まっていっそう畑の所有は促進されている傾向にあるが、こどもの数が減少している地域の学校内には、あまった畑を地域の方々が利用できる「みんなの畑」を設置している学校もある。

小学校の授業づくりの支援や授業参観で訪問すると、こどもたちは「お水をたくさん飲んで太陽をあびて大きくなってね」と土を撫でながら子どもは命の成長を待っている姿がある。

某有名私立大学の教員から聞いた話である。机に座って大学の授業を聞くのに耐えられない学生のために、気分転換のために校内で木の幹に触れたり、自然発見という動きを伴った活動をさせたところ、木の幹に目をつぶってふれていた学生が「気持ちが悪い」と言ったそうである。

さらに1970年からこどもたちに使われていた有名な学習帳の表紙写真が数年前から「教師

や親」から「気持ち悪い」と言われ、昆虫からお花の写真に替えられたのをご存じだろうか。教員や父兄から「気持ち悪い」といわれメーカーは苦渋の決断をしたらしい。花などの植物は昆虫に助けられて次の世代に命をつないでいるのに、その生きものの循環の仕組みを正しく認識しないで、気持ち悪いと身近なところからしりぞけてしまうのをどう考えたらよいだろうか。

最近の親は親自身が自然の中で遊ぶ経験が少なく、自然の中でどうやって遊んでいいかわからない、どんなことをさせると危険なのかわからない、などの声を聴くが、まず、やってほしいことは大人がこどもと自然の中で遊ぶ、ということではないだろうか。

こどもは親の喜ぶことをする。大人が気晴らしに河原や海辺のバーベキューに出かけてもこどもたちは喜んで一緒に自然の中で遊ぶ。でも、おいしい自然の空気といつもとは異なる状況でバーベキューで焼いた食事を楽しんでいるだけで終わらせていないだろうか。

お子さんたちはどのように身体を動かしているだろうか。火の周りでぐるぐるまわって遊んでいるだけでは遊んだとは言えない。こどもは自然の中で身体を思いっきり動かすこと、走ったり、斜面をかけ上ったり、川遊びでの水とのふれあい、葉っぱに触ったり、虫とりをして生きものの不思議さを感じるためにも自然の中で遊ぶことが大事で、そうした体験が豊かな成長につながっていくのである。

暗い空に満天の星空を見ることも、こどもの想像力を育みます。月の黒い部分に古来から人間はいろいろイメージ力をふくらませて「物語」を生み出してきたのではないだろうか。

ぜひ、親御さん自身がこどもと一緒に身体を動かし、また自然の中にあるものを遊具として活用しながら遊んでみてください。その時に、ただ鬼ごっこなど走りまわるだけでなく、斜面を駆け上る、身を隠して木を揺すって音を出すなど、多様な動作で運動能力を高めることに結びつくようにすると良いと思う。

基本的な動きとしては、

①身体のバランスをとる
②身体を移動する
③道具(用具)を操作する
④力試し
⑤が①～④の組み合わせ

である。

例えば、河原では石を用いて水に投げる動作によって上腕と肩胛骨の筋力を高めることにつながり、垂直に飛び上がり、木の枝に届くなどの競争も運動能力と意欲を高めることになる。川縁の大きな石を動かすこともよい。さらに海辺の砂で造形物をつくって遊ぶのもよいでしょう。その時に、幼児期に使っていた小さなシャベルを持参すると良い。

遊びを通して、どういう木が朽ちていて危ないか、バーベキューの火の後始末の仕方、衛生管理も学ぶことが可能である。砂での造形遊びでは、しゃがむという動きは足腰を鍛える。手の皮膚を通して感触を楽しみ、五感をも高めていくのである。遊ぶことにより、五感を高め、危険察知能力を高めることにつながるのである。

こどもたちとともに、何もないところで「遊び」を考えることも大切である。そしてルールを決める、こどもと勝敗を競うことも意欲増進につながるのである。大人が楽しんで、童心にかえって遊ぶことがこどもに遊ぶことが楽しいという感情の高揚につながり、そのことが脳ホルモンの分泌を活発化させ、意欲や自律・自立心の育成につながっていくのである。ぜひ、親御さんも自然の中でお子さんと楽しんで下さい。

前にも述べているが、こどもの自然体験は「サプリメント」として与えられるのではなく、人や自然と触れ、かかわりながら遊び、「生きる力」を獲得していかなければならない、と考える。

【参考文献】

（1）柳田邦男『壊れる日本人―ケータイ・ネット依存症への告別』新潮文庫、２００７
（2）武田信子『体験を与えられる子どもたち』Green Letter No.27、2005.11
（3）瀧 靖之『アウトドア　育脳のすすめ』山と渓谷社、２０１８
（4）嶋村仁志：（https://kodomo-manabi-labo.net/hitoshishimamura-interview-02）
（5）岡部 翠編『幼児のための環境教育―スウェーデンからの贈り物《森のムッレ教室》』新評論、２００７

第4章 「こどもと自然」を考える

〈対談〉 﨑野 隆一郎 × 小澤 紀美子

本章は、２００６年1月25日に対談を行い、こども環境学会誌Vol.2, No.1（２００６年）に掲載されたものである。

こどもの成長にとって自然が重要であるということに、反対する人はほとんどいないと思います。しかしこどもにとって、なぜ自然がよいのか、またこどもの生活環境として自然はどうあるべきか、という問いかけに対する回答は必ずしも一致していないと思います。

そこで、この根元的なテーマを敢えて再考することで、こどもと自然の関係について考えるキッカケにしたいと思い、こどもの自然体験を積極的に支援している﨑野隆一郎さんにご登場いただきました。

対談者　崎野隆一郎（ハローウッズ）
小澤紀美子（こども環境学会理事、東京学芸大学教授）
司　会　中津秀之（こども環境学会誌企画委員、関東学院大学助教授）
（肩書きはすべて当時）

□自然体験と「気づき」

崎野　私は4年間に渡って、こどもたちと30泊31日のキャンプをやっています。そこで感じることは、時代が変わってもこどもは変わっていないということです。だけど時代が変化するとともに、大人がこどもにちょっかいを出さなくなってきています。

一方で、2年前（２００４年）から大人だけのキャンプをやっています。大人だけで行うキャンプです。40代の夫婦や学生など、さまざまな世代の人がキャンプに参加しています。夜になると、これからの次代のこどもたちはどうするのかということを、みんなとうとうとしゃべる。こどもたちのことや時代について、真剣に考えていることを表に出して、さまざまな話やいろいろな世代の人としゃべる。そういった場が日常にはないじゃないですか。私は、そういった場と機会をつくるべきだし、次代のこどもたちのことを考える心を持った大人たちが、こどもたちに接していかなければだめだと思います。

小澤　都市の中には、小さな自然がいっぱいあって、こどもたちはそれを見つける感性があると思うのです。けれども今のこどもたちは、あまりにも隔離された枠の中に閉じ込められていて、そのなかで良い子でいることを強いられていると思います。こどもたちにとって、自然の中での遊びや、大人や異学年とのかかわりを通して、自らの手で関係をつくっていくような力が大事だと思います。

長期キャンプだけでなく短期ワークショップもやってらっしゃると聞きましたが、どのようにやっているのでしょうか。親は心配で、あまり長期には出せないと思うのですが。

﨑野　短い授業時間だと、総合学習で45分だけ森の中に行こうということもありますが、時間的なことを考えているのはたぶん僕らだけではないかと思います。こどもたちは、時間的なことよりも好奇心だけでその時間をどう過ごすかということを考えている。だからその時間の中でいかに楽しむかだと思います。僕らはそれを持って帰ってもらう、僕らはこれを「気づき」といっています。自然の中でさまざまな不思議に気づいてもらうことが重要で、いくらいろいろな仕掛けやプログラムを準備したところで、学校の先生のように、これは○○だよなどと名前だけを教えても、こどもには残らないのです。僕らが今やっているのは、こどもたちに問いかけること、そして考えさせることです。

□ 教科書にない言葉を求めて

崎野　僕はよくきっかけとして、森の中でアリンコの話をします。アリンコが一〇〇匹いたとして、実際に働いているのは20匹しかいないと。あとの80匹は働いているように見えて実は遊んでいる、という話をする。でも8割がずっと遊んでいるか、というとそうではなくて、たぶん交替で遊んでいる。だからいつかはちゃんと勉強しなければならないし、働かなければならないときがある。ということを、アリンコの話をして説明してあげると、こどもたちはすぐ反応する。

自然の解説や木の名前が何かとかの説明などはあまり重要ではないですね。また人間のことや社会のことなんかを、さまざまな生き物の生態に例えたりすると、こどもたちは理解するし、明るくみんなで話すことができますね。

小澤　やはり自然の中には、教科書に書いてない言葉がいっぱいあると思いますし、そのなかでこどもは多様なものを自分たちの目線で発見していると思います。でもそのことに気づかないこどももいますので、「問い」かけるということはすごく大事ですね。とくに日本人は学校教育の中で、教科書通りの知識の量をテストで点数化することに慣れてしまっているので、思考力を高めるためには、いろんな気づきや、他者との関係を築くための言葉を獲得することが大切だと思います。

崎野　僕らは「学校の先生になるべきではない」と思っています。僕らはこどもたちと同じ、目線でものごとを見て考えていく。学校で教えることが表であるとするならば、僕らは裏を教える。人間・自然界には裏表、陰と陽があるわけです。学校は時間にタイムアウトがあり、チャイムが鳴るわけです。僕らはそれがない。こどもたちが帰るまで。ここで面倒くさいことをしてみよう、もっとちょっかいを出そうと。僕らは茂木（もてぎ）の里山の自然にもちょっかいを出してます。

今、茂木（もてぎ）には、昔ながらの木を伐りながら炭を焼く70代の人たちが2人くらいしかいない。先日、地元の小学生のこどもたちに、総合学習の時間で、木を伐らせたんですよ。すると木を伐ることの意味が理解できない。こどもたちは木を伐ると怒られるわけです。のこぎりを持ったこともない。そこで、ちゃんと間引いた里山の樹木は、20年経って大きく育っている、そういうのがほしいと言うと、こどもたちはよろこんで伐るわけです。

そんなことをやりながら、こどもたちに森のことを体験的に教えてやることで、森も元気にしたいと思っています。世の中が、どんどんシステム化して楽になっていくなかで、手間のかかること、面倒臭いことを徹底的にすべきだと思っています。

□ 矛盾の中に真実がある

崎野　僕が今フィールドにしているところはレースカーの音がするレース場の中にあります。何でそんなところで自然のことをやるのか、とよく言われますが、ここにくる前に住んでいた北海道の大雪山国立公園でいくら身近な自然が大切と言っても、こどもたちにとっては特別な場所じゃないですか。自然は、飛行機に乗って遠くに見に行くような特別なものだと思っているこどもが多いなかで、東京のど真ん中にでもあるような身近な自然について考えてほしいのです。

私があえて今のフィールドを選んだ理由は、文明と自然というのが矛盾の中にある。人と自然は矛盾の中で問いかけていかなければわからないと考えたからです。

小澤　そうですね。人間の存在とか、生きるということ自体、矛盾との付き合いですね。

崎野　その矛盾のど真ん中にいてこそ初めて、いろいろな価値観が見えてくる。栃木県の茂木に開設されたハローウッズの森の中にはオオタカが営巣している。ものすごいお金をかけてレース場のために山を削り、木を伐って、レース場を造った。そうすると、樹海のような里山の雑木林の中に突然広場（草原）ができてしまった。しかし彼ら野生動物にとって、そこが餌場になるのです。このレース場も24時間走っているわけではないので、朝晩彼らが採餌するときには、森から森へ渡る小鳥やウサギやネズミがいて、それを捕っているのです。彼らにとってみるとレース場であれ何であれ、自分たちの寝床と餌を捕りやすい環境があればどんなところでも棲むのです。

小澤　結局われわれが生きているということ自体は、地球環境といかに共存していくかということだと思うのです。自然を見るということは、自然の変容のプロセスをこどもたちに体験させて、それと現実の生活世界を結び付ける作業をさせることだと思う。

今こどもたちは、効率よく学ぶことによって、分断化された知識の断片を自分の中に蓄えようとするのですが、それがこどもの存在や価値とあまり結びついていかないと思う。やはりこどもの力というのは、未来を見通して生きていくということですから、そういうこどもたちに夢や希望を与えるときに、自分たちの小さな物語を紡（つむ）ぎだす力をどうやって育むのか、それはもしかすると大人もいっしょにやっていかなければならないでしょうね。

嵜野　この森の中には多様な命があって、みんな競争しています。ところが競争というのは、ケンカの強い者が生き残っているのではないのです。こどもたちとのキャンププログラムで、夜、懐中電灯も持たないで森の中を歩くナイトウォークのときに、闇が怖くて、泣いて行かない子がいます。プログラムが終了してから、何で行かなかったのかとか、行けなかったのかを全員に質問。「みんな、○○ちゃんは怖くて行けないと言ったけれど、みんなは友だちが行くって言ったから行っただけじゃないの？　自分一人でも暗い森へ行けた人？」と聞くと、みんな手を挙げる。「じゃ、目をつぶって、本当に一人でも森の中に行けた人？」と聞くと、1、2人しか挙げない。「おじさんは、○○ちゃんはえらいと思う、正直で」。そうするとみんな「何で？」と言う。「もしかしたら、僕たちが山に行ってクマに襲われたら、みんな闇の中で死んでしまう。でも○○ちゃんは、怖くて行かなかったおかげで、生き残ることができる。自然の世界では、強いものが滅びて、臆病で逃げまくっているのがたぶん生き残っている。

自然界の中で本当に強いというのは、僕が考えるに、ケンカが強いとか足が速いとかではなく、生き残っていくことなのだ。生き残っていなかったら何にも得られない。自然界はそうやって長い間生きつながっている。だから僕は君たちの勇気は認めてあげるけど、○○ちゃんのこともちゃんと認めてあげる。みんなが正しいと思う」と伝えます。このように、失敗したり、臆病になったりしたときの瞬間のフォローをどうすべきかということ。それが一番大切だと思う。だからといって行った連中を悪く言わない。そういったバランスが一番大切だと思っています。

小澤　こどもが、現実の生活の中でそういうバランスを身につけたり考えたりする場面があるかというと、そこには学校の先生や大人が介在したり、保護者が介在せざるを得ないことがたくさんあると思いますし、何となくみんなを競争に駆り立てるようになってしまうこともありますね。

□キャンプで育つ

崎野　こどもたちが困っていても、それをフォローする大人がいないのです。だから落ちこぼれたり、学校に行かなくなってしまう。私の娘は、登校拒否で小学校に行かなかった。問題の人は学校へ行くと、緊張してトイレに行きたくなってしまう。トイレに行くといじめられるのです。それは本当に地獄みたいなものだと思う。こどもたちは学校では、うんちをしないのです。

今、食育ということを言っていますが、無農薬野菜や有機野菜など、口から入れる部分ではものすごくいろいろなことを言っているのですが、出る部分のことは何も言っていない。

小澤　教員養成の授業で総合演習というのがあり、グループで課題をしぼりこんでいくとき、必ずトイレのグループがあります。男の子が、小学校時代を思い返して、大便のことで困ったと言う。今、学校全体が潔癖症になっていて、それを大人社会が助長している。人間は自然の一部なのですから排泄があって当たり前です。

今のこどもたちを「良い子現象」と呼ぶ小児科の先生たちがいらっしゃいます。小学生の間は、まだ保護者の言うことを聞いているのですが、ある日突然だめになってしまうというお話です。やはりどこかでバランスを取り戻すことが必要で、そのためには、人とのつながりや体験が必要だと思います。

崎野　僕はキャンプ中、こどもたちから、僕の方がこどもだと言われることがあります。僕はこどもたちと、同じ人間だという形で付き合うわけです。理不尽なこともしますよ、たまには。だけど、競争だというわけです。1か月キャンプの中でいろいろなことをしますが、こどもたちが一番つらいのは、火を起こせないとご飯を食べさせないというプログラムですね。

何もない山の中に連れて行って、水も自分たちで浄化する。そして火を起こそうとするのですが、起こせないわけです。起こさないと食べられない。朝起きて火を起こさなければならない、昼食になっても起こすことができない。まめだらけになって、誰が悪い、彼が悪いと仲間割れをする。そしてけんかが始まって泣いて、疲れて、でも1日半くらい経つと、本当に火を起こすまで何もくれないということがわかるわけです。そうすると真剣にこちらを見つめる。僕らは彼らの前から逃げないのです。お前らが火を起こすまで僕らも待ってるよ、と。本当に誰も助けてくれない。棒が血だらけになって、こどもが腹をすかせて泣いたりしていると、普通は親が助けてあげるじゃないですか。こっちは我慢ですよね。それでも仕方なくあきらめて、こどもたちは火を起こすのです。

そしてそこからがすごいですね、こどもたちは。指導しなくても火を起こしたら今度は消さない。夕立が来ても、朝まで代わりばんこに起きてきて火を守ります。手が真っ黒になって、顔中、蚊にさされながらも、お風呂にも入らず、汚いかっこうをしているのですけれど、本当にひもじいときに食べた、自分たちでおこした火で焼いた焼き芋の味が、身体にしみ込んでいる。何よりも旨い。一番辛かったのはあのときだけれども、一番おいしかったのもあのときの焼き芋だったと覚えているのです。

小澤　そういうキャンプにお子さんを入れるという保護者の考え方もすごいですよね。噂を聞いてくるのですよね、すごいキャンプだと。やはりよほどの決意をしないと、今の親御さんは自分のこどもが可愛いし、そんなに苦労させたくない。そこをわざわざ苦労させるというのは親御さんはどういう気持ちでどういうねらいがあるのでしょうか。

﨑野　保護者説明会をやると、寝ている間にこどもがいなくなったらどうするのかとか、こどもたちに発信機を付けろとか、いろんなことを質問されました。また社内でも、事故を起こして訴えられたらどうするのかということはいつも言われています。実際、キャンプ中に怪我をすることもいます。そのたびに電話で報告すると、親御さんは「﨑野さんが見て、うちの子が大丈夫であれば続けさせてください」という親子が多いですね。

小澤　ケガを経験するということが、自分のこどもの、次のステップにつながると理解していらっしゃるのですね。

崎野　僕は一番最初にこどもにナイフを渡します。使い方も研ぎ方も教えてあげる。アジを3枚に下ろす練習をさせると、最初のうちは、握りしめすぎてアジがぐしゃぐしゃになってしまいます。普通は見ていると、僕らでも危ないと思ったりしますが、やらせます。手を切っても。アジも何匹も持ってきて何回もやらせます。ナイフを持たせると不思議なことに、自発的に朝5時くらいから、男の子たちはナイフで木を削って小刀を作っています。誰もつくれとは言っていないのですが。キャンプを終えて家に帰ると、お母さんの包丁も研いでいるそうです。昔のこどもたちはやっていたことですが、今は、親がやらせていないだけではないですか。

小澤　小学校の調理実習をやって「猫の手のカタチで」と言うとちゃんとやりますからね。ちょっとしたケガをしておけば痛みを知りますから。

崎野　一番大切なのは、最初にこちらで仲間をつくって、リーダーを決めてやらないことです。放っておく。班を決めたがるのですがガマンします。ケンカもやらせたほうがいいと思う。そうすると、こどもたちのなかから自発的にリーダーが出てきます。いい子ぶっている子もいるし。

小澤　人と付き合うルールやマナーを、おのずと学習していく。自分の殻を破る遊びが出てくるかどうか、ということだと思います。

崎野　以前、娘と不登校児童向けのキャンプに参加したところ、「学校みたいだ」と言われました。今からキャンプやるっていうのに、ネクタイを締めた先生が順番に挨拶していく。これはまるで学校といっしょだ。これはだめだと思いましたね。それで帰りますと言ったら、職員の人が「そういわないで残って下さい。親子で来ているのはあなたたちだけですから」と。僕以上にこどもに無関心な親だらけなのです。

□ 教育とは「引き出す」こと

小澤　できれば人と会うのを避けて通りたい、と思うこどもが多いようです。しかし、いろいろな人と出会っていくなかで、他人との相性について気付くようになります。コミュニケーション技術の育成が課題としてあるのかなと思います。

﨑野　こどもたちにコミュニケーション技術がないのではなくて、こどもたちの持っている言葉を引き出す方法の方が大切だと思います。僕は聞き役になって、いかにこどもたちの本音を聞き出すか。こどもたちに落ち葉で、クヌギとコナラの葉っぱを持って、これと同じ葉っぱを持って来なさいと言う。

走り回って10枚も20枚も集めてくる子もいれば1枚も集めて来ない子もいる。1枚も集めて来ない子に何でかと聞くと、同じものはないと言う。確かに重ねて見ると同じものはない。このとき、こどもたちに言うのです。人間もいっしょだ、同じ人間は絶対いない。それが個性だ。だから一人ひとりがとても大切なのだ、と。森をつくっていくには同じ葉っぱだけじゃだめだろう？ という話をすると、こどもたちはよく理解するのです。そういうことを学校では教えていない。

小澤　小学校の校庭にある1本の木を観察させて、紙に絵を描かせるのです。2か月に1枚の絵を描くだけで、いろんなことを発見をする。そこから学んでいくのですね。教育というのはエデュケートする、つまりその子の持つ力を「引き出す」ということですよね。

﨑野　その「引き出す」ときに、大人が、俺たちが知ってるから教えてやろう、というのではなく、おじさんたちも知らなかったからいっしょに勉強しよう、というくらいにしていくことが大切だと思います。

□ 地域社会がこどもをつくる

小澤　近頃の学校は、いろんなことを引き受け過ぎてしまっていると思います。教室や学校を出て、地域の中や、山とか海、あらゆるところでこどもは学んでほしいし、その学びの要素の種を持って、自ら紡（つむ）いでいく力を、私たちはサポートをしていかなければならないと思います。

崎野　私が常に思っているのは、おじいさんやおばあさんに教えてもらったことがたくさんあります。良いことも悪いことも。今、その役目が日本の中にいないですね。昔は親がこどもの面倒をあまり見てないです。それは今と同じです。でも近所のおじいさんやおばあさんに怒られたものです。地域社会がこどもを育てるはずなのです。

小澤　地域社会を再生することが、こどもが元気になる前提だと思います。

崎野　そのことは、声を大にして言わなければならないと思います。

小澤　私が最近、とある本の推薦文に書いたのが、「もしかすると大人たちは間違っているかもしれない。だからいっしょに戦略を考えましょう、そして地球を救いましょう」というメッセージです。

崎野　東大の富良野演習林の故高橋先生から教えていただいた岩手県の言葉に「二度わらし」という言葉があるそうです。大人は歳をとっていくと、偉そうに自分のやってきたことを誇ったりするじゃないですか。ある程度歳をとってきたら、今度はまたこどもに戻っていくべきだと言うのです。一度大人になって二度目のこどもの目線でこどもたちにいろいろなことを教えていく。昔はみんなそれができていた。ところがみんな死ぬまでエライ大人のままで、格好よく死のうとするからこどもと話ができないのです。僕が一番好きな言葉は「徒労」です。自然の中に痕跡は残したくないのです。ずっと氷とか雪の世界でモノづくりをしてきたせいか、跡形もなく溶けるのが好きです。毎年季節の中で生まれ変わるもの、人間も新陳代謝しているし、昨日の自分ではないはずなのです。

今は、茂木（もてぎ）の森の中で、里山の循環というか、ものが腐ることが大切だと思っている。そんなことを考えていたら、「命の塔」ができました。いっぱいある枯れ木や間伐材を使って塔をつくる。なかには落ち葉を入れて、生き物がいっぱい住めるようにした。こどもたちに話をしたらこれで物語を作ってくれました。僕は生物多様性を考えて、森の中で大切だと思っているのは、多様な生き物たちのために、多様な隠れ家があることだと思っている。森の中に隠れ家をいっぱいつくる。蛇もカエルもネズミもいるし、テンも入ってくる。そしてこれらは朽ち果てるためにつくる。

また僕は、木に登ったりしてどの方向にどういう風景が見えるか、それを見せてあげるために木を伐ることがあります。すると、自然保護を教えている人は木を伐るとは何だ、と言う人がいますが、僕にはちゃんと木を伐る意味がある。それは、こどもたちに自分たちの立っているところ、歩いている場所の意味を知ってもらうためです。

小澤　五感で自然を感じるようにする、それこそありのまま、という「自然（じねん）」なのですね。観念論で地球問題を考えるのでなく、朽ち果てていくということから、地球の成り立ちに対するイマジネーションの力がよいと思いますね。

崎野　すべてが残るわけがない。腐るし、風化していく。当たり前のことなのです。自分の気持ちもそうです。そのためには里山がなぜ大切で、木を伐って、薪にして循環する、循環していくことが大切だということを教えるためには、徹底してやらせなければならないし、見せていかなければならない。

小澤　やはり体験や経験を積みあげるなかから、そういう力を獲得していくものなのですね。

崎野　ただそれだけではなくて、便利な生活をしながら、1年に1週間はキャンプをしよう、というのでよいと思います。一昨年（2004年）、新潟中越地震がありましたが、三条から来たこどものお母さんが感動して、僕に手紙を送って来ました。何が感動したかというと、キャンプから帰って来て、何となく自分のこどもが少しは成長したと感じていたけれども、まさか地震のときに小学校4年生の男の子から「お母さん大丈夫だよ」と言われるとは思わなかったそうです。

□ 何かに気づく「キッカケ」としての自然

小澤　バブル経済がはじけてから、人口3～5万人くらいの自治体に行くと、地域が自立しなければいけないということで、お年よりとこどもたちがいっしょにいろんな活動をしているところがあります。そこでは、こどもたちが、「学力」とは「楽しむ力」と書くのだと言っていました。そして「地元学」といって、地元のことをきちんと学び、住んでいるだけではわからない地域の素晴らしさを、よそに住んでいる人に教えてもらう。

崎野　中世の歴史や、日本の歴史とか学んでいると、昔の人も、今と同じことを悩んできたと思う。今、環境問題とかいろいろなことを言っているが、僕らが昔の人たちと違ってできることは、振り返ることも先を予見することもできるということです。僕はよく現場・現物・現実というのですが、それだけではなくて、過去も読むことができるので、若い人たちには古典を読みなさいと言っている。万葉集などをいろいろ読んでいくと、自然のことがとても面白い。昔から日本人はすごい感性をしていると思う。

小澤　言葉がすごく多種多様で表現力があったはずですよね。

崎野　大人たちが、こどもを思う気持ちがすごく出ている。親の子に対する愛情とかもすごいですよね。何もなかった時代なのに。

小澤　今の話を聞いていると、「過去に学び、今に学び、未来にも学ぶ」ということですね。そのなかで、単なる自然体験ではなく、自然（じねん）という言葉の意味をもう一度考えてみる必要があると思います。やはり人間も地球から生まれてきた生き物であるし、自然という意味を理解してきたのかと考えさせられました。またこれを「こども環境学会」の会員に対するメッセージとして、多くの方々に読んでいただきたいと思います。

崎野　それは素晴らしいことですね。こどもの環境というものは、地域社会がつくっていかなければならないと思います。今、こどものたちで何かできればいいと思ってはいますが、こどものことを真剣に考えているのは、本当に一部の人だけなのが残念です。

司会　地域社会に考える力がないのかもしれませんね。何かしなければならないとわかっているところは多いけれども、何をすればいいのかわからない。

小澤　たぶん、小さなところや遠いところで変革は起こっていると思います。それが静かなので、東京なんかにいると見えてこない。そういう力を引き寄せていくのもこども環境学会の力ではないかと思うのです。

崎野　地域には、裏でこどもたちを見てくれるじいさんばあさんが、ちゃんといたはずなんですよ。それが今は少なくなってしまいましたよね。

司会　今のじいさんばあさんは、元気はいいですけど、そういう地域コミュニティを体験していない世代の人たちが増えてますから、昔のような地域社会の再現は難しいかもしれません。

崎野　そのためには、3世代、4世代がいっしょに暮らしていかなければならないと思います。それが今はできない。本当はそれが豊かさです。その本当の豊かさが今の日本人はわからなくなってしまったかもしれません。

司会　今日はどうもありがとうございました。自然環境を学ぶ対象としてではなく、こどもたちが何かに「気づく」ためのキッカケとして、考え直すことの必要性とその可能性を強く感じました。

崎野　こどもとか大人とか言いたいのかもしれませんが、僕もまだこどもなんだ、と自分で思っています。自分の中に住んでいるこどもの部分をみんな持っていると思う。それをもう一回見直すつもりでやっていくと、世の中は変わっていく。大人だからこどもに何かしてやろうというのではなく、自分の中にあるこども性やいろいろな部分の中で、自分がやり残したこどもの時代のことを考えると、もっと違う世の中になっていくのではないでしょうか。

小澤　今日のお話は自然の中でのお話だったのですが、もうひとつ隠れたキーワードがあって、たぶん「時間」だと思うのです。朽ちるという話も火の話も、こどもが自分から工夫して学習して動いていく。こどもの時間と、周りの社会がこどもに対しての時間、そのずれを、キャンプではもう一回解放してこどもの時間に合わせて動いているのでしょうね。

崎野　僕はいまだに幼稚っぽいとか言われますから。うちのカミさんには、息子よりもひどいと言われてます（笑）。

司会　今日は、長い時間、ありがとうございました。

【﨑野隆一郎（さきの　りゅういちろう）プロフィール】

ハローウッズ森のプロデューサー

１９５７年生まれ。

１９８１年大雪山国立公園内の然別湖畔に移住、冬季湖上に氷上露天風呂、アイスバー、氷上ミュージアム等を設計建設。然別湖コタン運営企画に携わる。

１９９９年本田技研工業（株）新プロジェクト自然活用アドバイザーとして参画、ツインリンクもてぎ内ハローウッズ開設に伴い、自然案内のプログラムリーダーとして活動。

第5章 だれがつくるの？ こどもの環境

〈対談〉仙田 満 × 進士 五十八

本章は、2005年9月24日に対談を行い、こども環境学会誌Vol.1, No.2（2005年）に掲載されたものである。

東京農業大学の教授である進士五十八氏をお迎えして、本学会会長仙田満と「遊び場」研究のプロである両氏に「こどもの遊び場」について縦横に語っていただいた。

かつてのこどもは、森の中や、川の中で体を思う存分使って遊ぶことができた。社寺の境内は都会に残された森であり、川であった。しかし、いつからか子どもの遊び場は境内から公園へと変わっていった。いや、公園以外の遊び場はことごとく失われた。

対談は境内から公園への遊び場の変化の話から始まった。話題は、かつての公園に指導員がいたという遊び場の歴史の話から、これからの遊び場は親の学び場にならなくてはいけないという現代的課題まで多岐に渡り、「こどもたちの〝遊び場〟を考える」ためのヒントが満載です。

対談者　進士 五十八（東京農業大学教授／NPO法人 社叢学会副理事長）
仙田 満（こども環境学会会長）
司会　中津秀之（こども環境学会誌企画委員）
（肩書きはすべて当時）

□遊び体験の必要性

中津　こども環境学会は、従来の学会と違い、幼稚園の先生や子育て中のお母さんにも入会してもらえるような、新しいタイプの学会を目指しています。そのためにも、学会誌は研究論文だけでなく、こども環境に関わる社会的な話題を取り上げつつ、誰にでも読みやすい雑誌にしようと考えております。本日は、企画第一号のトップバッターとして、こどもの遊び環境に関するお話を伺おうと、進士先生にお越しいただきました。

仙田　造園関係の方々は、こども環境学会に入っていただいている方が少ないですね。

進士　学会誌の第一号を読んだけど、造園学系の名前が見当たらないようですね。私が関わっている鎮守の森の学会（ＮＰＯ法人社叢学会）では、造園学系も少なくありません。

中津　実際に遊び場の第一線で活躍されているのは、役所や設計者を含めて造園系の方々が多いはずですが、そういった仕事の方々は、こどもの環境に関して、あまり興味を持っていないように感じています。こども環境学会は、学会長が建築家の仙田先生であるということもありますが、建築系の方々の会員数に比べ造園系の方々が少ないのが現状です。

進士　（元建築学会長の）仙田先生が呼びかけているんだから仕方ないのでは？　高度成長期以前まではこどもの遊び場や児童公園への造園家の関心は高かったのですが、近年は他への関心に向かったのでしょう。

中津　そのわりには建築系より、教育や医療関係の方々が圧倒的に多いです。

進士　建築家の中では、遊び場の設計をやってる方は仙田先生以外あまりおられないからね。

中津　教育や保育系の方々の意見を聞けるのは非常に良いのですが、都市におけるこどもの生活環境のこれからを議論するには、設計する立場の視点も重要です。それがないと、なかなか議論が広がらない。

進士　こどもの遊び場の話の中心は、教育や保育といったソフト系だと思う。文部科学省の「特色ある大学教育プログラム」と「現代的教育ニーズ取組支援プログラム」という二つのプログラムの審査委員をやってきたが、そこではこどもは現代的ニーズのテーマなんでしょう。子育て支援や児童福祉関係がとくに多い。

仙田　最近では児童学科など、こどもに関する学部・学科が出てきていますね。

進士　少子化で、どの大学も、こどもには注目している。ただ、なかなか遊び場のハードな話にはいかない。乳幼児をどう育てるとか、幼少期のこども環境をどうするのか、家庭との関係や、母親教育が主流で、遊び場所までいかないですね。昔、私が大学の助手になった頃は、すぐ遊び場の研究をやったし、遊び場について考えることが公園屋の基本的テーマだった。

仙田　今の子育てをする母親や父親自体、ある意味で遊びの体験が少なくなってきているというのがある。とにかく遊んだことがない。学校とか塾しか行ったことがないような母親に、遊びの重要性や自然の重要さを説明しても分かってもらえない。30歳代前後の、子育て真っ盛りの親たちに遊びの価値を理解してもらうのは難しいですね。

進士　親というものは、こども時代の自分の体験を次の世代に伝えたいものなのに、自分に豊かな遊び体験が無いので、こどもに伝えることができない。

仙田　例えば保育園の保母さんや幼稚園の先生が、裸足で田んぼに入ったことがないとか、そういう人が10年くらい前からどんどん出てきている。こどもと一緒にどろんこ遊びができないわけです。今、幼稚園や保育園を設計していて、こどもだけではだめで、親を含めた、体験を「再体験」させなければならないという時代になっている。

進士　私が教育委員会において主張しているのが、今学校教育で必要なのは、体験をさせるということです。体験というのは何でも体験するということです。つまり生きるために必要なことを何でもやるということで、例えば河原で魚を捕まえたり、野原で桑やグミの実をとって食べたりということです。そのようなことは昔は普通でしたが、今ではありませんから、自然について何の関心も起こってこない。木に登って落ちることも体験だし、いろいろな体験をすることで、こどもは成長していく。

□ 都市における自然体験

仙田　こどもたちの自然体験ですが、その体験をどういうふうに拡大していくかが重要ですね。

進士　日本の造園学の発祥は明治神宮です。これは人の創った森ですが、林というべきものであって、森づくり、自然再生のお手本ともなる公共のものもあるのです。明治神宮では「グリーンアドベンチャー」といって、樹々と人々のふれあいゲームが行われています。

仙田　でも、その「境内」という遊び場が遊び場でなくなっています。これは問題ですよね。

進士　日本の公園の原点は、社寺境内地だと思っています。農村地域では、村の中で一番真ん中の重要な所に、コミュニティーのシンボルとして、神社を計画的につくっている。地域のコミュニティーセンターです。そこでお祭りや相撲大会をしたり、年中行事も全部そこでやる。農村では農業生産が第一ですから農暦に従って年中行事が行われきた。だから神社地は日本の公園であり、広場でもあり、日常的な遊び場になっていた。

仙田　神社の遊び場としての面白さは、お祭りがあるということですよね。こどもたちは、お神楽とかを日常的に体験していた。神社というスペースには、オープンスペースや、隠れたスペースなど、さまざまな空間が入っていると思う。ところが最近では、神社があってもこどもたちが遊ばない。遊べない。

進士　それは、神社以外の行動空間が出来たという事情もあると思う。

仙田　それもあるし、神社そのものが、こどもを排除しているのではないか。

進士　それもありますね。田舎では小さな字（あざ）ごとにあった神社が、村単位に統合されて、日本の神社は相当数を減らしていったが、それでも基本は町や字ごとに分布していたから、現代の公園緑地の配置と同じような、住区ごとに配置されていた。そのような神社を明治期、国家神道で優遇した。しかし、戦後GHQによって解体され、宗教法人法によってやっていかなければならなくなった。手厚く保護されてきた神社はその経営者によって左右されることになった。

仙田　観光化によって、参道をつぶして駐車場にしたりする。しかし思うのはやはり、日本の緑地政策が非常に薄弱だったのではないでしょうか。神社境内の森をいかに守らせるかは、国家政策として必要だったのではないか。けれどもそれがどんどん崩れ去っていっている。

進士　江戸時代までは社寺境内地が実質的にパブリック・パークだった。公園制度は明治6年に出来ますが、そのときは社寺境内地という空間遺産をそっくり継承して公園制度にしたわけです。そうして上野公園、浅草公園、深川公園、芝公園ができる。つまり社寺境内地イコール公園となる。ただ、明治36年に日比谷公園をつくった頃から、公園は造成するものだと錯覚する。文明開化の時代背景がそうさせた。それから、都市計画制度もヨーロッパから入ってくる。地域の必然性と無関係に等間隔に配置されてゆく。

仙田　基本的にはコミュニティーですよね。そのコミュニティーが寺社空間を支えていた。ところが今は寺社の人たちは、自分たちの持ち物のように考えている。

進士　以前は、地方に行くと社寺空間を遊び場にして遊具だけ置いている小さなこども広場はたくさんあって、境内の裏にブランコやすべり台を置いているという所は日本中たくさんあった。都会に関して言えば、交通戦争でこどもが道路で遊んで事故にあうという状況があり、何とか遊び場をつくらなければならなかった。そのときに東京などでは、公園をたくさんつくったことはつくった。しかし、つくりきれないところは神社の境内を使ってきた。それが若干、金に余裕ができて公園をつくるようになると（神社からは）撤退してしまう。結局、神社空間というものは、神主や住職の管理下になっていて、自前でやっていくしかないので駐車場になる。行政側は政教分離を建前にして触れない。昭和47年（1972年）から、公園整備5ヵ年計画が始まり、公園は新設していくという路線できた。その間、神社は小さくなったり、無くなったり、森が切られていった。

□ 建築とランドスケープ

仙田　こども環境において、本来なら造園界の中で、こどもに関する研究者や論文がもっと出てもいいと思う。

進士　昭和40、50年代まではかなり活発で多かったと思いますよ。世の中の風が、今はエコロジーに吹いている。また景観緑三法が2004年にできているが、もともと緑とセットで景観を造るということでスタートしたものだが、建築的要素が多くなっている。建築のほうが圧倒的に政治力が強い。だからどうしても建築の本位に都市のランドスケープはつくるように考えてしまう。それでどうしても景観は建築家がリードして、看板やファサード（建物正面）のデザインにしてしまっている。まずランドスケープでは、土地が先で、どのような地形になっていて、それから水系や植生と一体になった地域地盤を踏まえた後、建物がどう入るか、そのとき緑と建物を一体にしてどうデザインしていくかということでなければ困るのですが。

仙田　建築も変わってきましたね。建築学会でも都市の中に緑をつくる試みも熱心になってきた。

進士　オープンスペースという概念が造園学にあるが、オープンスペースは緑地、空地だが構造的なもので止まっている。それを、ランドスケープデザインが一体になっていない。細かい環境や空間の質の話になっていない。これが建築と違う造園界の弱点なのです。仙田さんが活躍されているのは建築を持っているからだと思います。建築空間とセットにして、逆にいえばオープンスペースを活かした建築といってもいい、相乗効果です。建築抜きで、公園だけというのはないですね。

仙田　今はつくってないです。昔は公園だけというのもやっていたのです。しかし、公園だけでやっていたら、日本の社会システムとして、ほとんど設計入札なのです。金額で決めるということに私は耐えられなかったのです。土木の世界がそうなのです。設計者やコンサルタントを「いくらでやるか」というお金だけで選定している国は世界中にありませんよ。アイディアやデザインを競わせるべきです。それでなければ良い空間などできません。

中津　建築家協会ではそれを議論してますが、ランドスケープの業界では、大きな議論になりませんね。

進士　そういう課題はいつも出ていて登録ランドスケープアーキテクト（RLA）も始まりました。ただ、これまで永い間、造園界は、役所OBが多くて、デザイン界でがんばってきた人は少数派。今は若い人が出てきましたが。

仙田　その辺の社会システムを変えていかなければならないと思います。こどもの遊び環境を設計している多くの造園の人は、デザインの開発とかをやらないで、遊具メーカーに丸投げしている。それが問題ですよ。

進士　土木全体のなかに公園行政に位置づけられているので、遊具設計にウェイトをかけてやっていて食べていけるようなという状況にはないから、そういうことをする。だから既製遊具のレイアウトするに止っている。

□ 遊び場のはじまり

中津　明治時代の公園に関して、先生は公園と一言で言われましたが、それはいわゆるパブリック・パークのことですね。関東大震災以降、日比谷公園などのパブリック・パークの中に、プレイグラウンドが発生してきた。これが都市の中の遊び場として、どのようにまちの中で変遷を経てきたのでしょうか。

進士　私は大学2年のとき、近代造園の発展を調べていく過程で井下清という人に出会った。井下先生は東京都の初代の公園課長で、東京農大の前身の、東京農学校の明治38年の卒業生で、明治36年に仮開園した日比谷公園育ての親ですね。そして、多磨墓地の設計や、23区内の震災復興計画の、52ヶ所の小公園も全部井下先生の監修です。日比谷の児童指導は、関東大震災前からあり、大正10～11年に、横浜のYWCAからアメリカに留学した末田ますさんのネイチャースタディ（自然学習）という児童指導のコンセプトで始まったので教わっていました。

その頃、都会のこどもたちは、結核の流行などの健康問題が出ていた。運動不足、健全な子育ての発要から都心の日比谷公園にアウトドアで子育てをする空間を考えました。その時の思想はネイチャースタディで、自然とともにこどもを育てるということだったのです。当時の都心は緑がだんだん少なくなっていたからですね。その後、震災が起き、浮浪者同然のこどもが増えたため、これを一気に何とかしなければならない。それで正規の児童指導員が60人近くに増やされた。それが日比谷児童遊園で、子育てをしたり、植物を植えて花を咲かせたり、草木で遊んだり、紙芝居や指人形劇をしたりした。そのほかにも大使館が近くにあったので、外国のこどもたちと交際交流をさせるなど、さまざまなイベントを行っていました。これは戦後20年くらい続きました。

ところが、日比谷児童遊園で遊ぶと、健康になって、頭がよくなって一中・一高に行けるという評判になり、公園にこどもを通わせる母親の会が、会費を集めてバスを買い、通学バスのようなものができてしまったのです。そのバスには、お金を出した親子しか乗れなかったので、公園を私物化していると新聞で叩かれてしまいました。それがキッカケとなって、当時の公園緑地部長が廃止してしまったのです。そこが行政の欠点で、思想のない事なかれ主義の犠牲になってしまった。

仙田　その廃止の経緯はどこで調べたのですか？

進士　私はみんな生で話を聞いている。その当時の児童指導員は最盛期で60人いた。日比谷だけでなく、東京全域に組織され、児童指導係が置かれ、係長が置かれた。廃止後、それら60人は配置転換になったが、その生き残りから聞いたわけです。

中津　その新聞で問題になったのはいつ頃ですか？

進士　昭和30年代だったか、これは公園行政の担当者が悪いということだったので、出版された日比谷児童遊園の歴史には書いてないのですが、廃止後、それでもがんばる人が何人かいた。そういう人たちが、週1、2回（児童指導員を）やり続けたが、何回か幹部が交代する中で、どんどん無くなっていったようですね。

中津　わざとフェードアウトさせた……。

進士　そうです。別の見方をすると、幼稚園業界が形成されて、幼稚園や保育園でしっかり面倒を見ることが出来る体制になってきたということと符合すると思っています。いずれにしても、当時、ネイチャースタディというコンセプトが明快に伝わらなかったかもしれません。松本楼の社長の小坂さんなどは遊園で体験してそのすばらしさをよく理解しているお一人ですがね。チョットだけのぞいた新聞記者にはおそらく公園を舞台にした保育園であると、思ったのではないかと思います。日比谷の児童公園は、日本におけるアウトドア遊び場のあり方のプロトタイプなのです。

仙田　ハードとしての公園にそのようなソフトとしての人たちがいたのは凄いことですね。色々な事情があるにせよ、どうして今、東京都はやらないのでしょうか。また今は、母親も、防犯上などの理由で、こどもたちを公園に行かせない。公園でこどもたちをみる人が必要になっています。こういうことは、空間の設計だけではとても解決できないことですね。

進士　そこが、こども環境学会に、大きく期待するところですよ。

仙田　そういう点では、今の行政はすごく臆病になっている。

進士　公務員になっただけで満足するという人たちが出てきてしまったからでしょう。昔は、役人になって何をするべきかが問題であったのに、今はどうなんでしょう。公務員バッシングもよくない。意欲やミッションをもたせるようにしないと。震災復興をやり、そして戦災復興をやり、それには皆新分野にチャレンジするという思想があった。だから皆、意欲に燃え、思想を陶冶した。さらに上原敬二先生らは日本児童遊園協会という社団法人も設立した。そのときは児童文学者、児童学者、ほか保育、造園、社会学などいろいろな分野が協会に参加し、その協会の理事をした保育の先生のこどもがボランティアで来ていたりもしました。

□ 施設型の遊び場づくり

進士　中津さんの師匠の池原謙一郎さんなんかも、遊び場への関心は高かったわけです。ただ造形指向なので、形をつくる方に行ってしまったんですよね。遊び場を造形的空間として創るか、児童指導や今のプレーリーダーのようなソフトウェアで、人間が資本でやるかで違います。アメリカは施設型、イギリスは空間型と言えます。日本のプレーロットは、アメリカ型なのです。遊具を作って、それによってこどもを遊ばせる、これはアメリカの施設型です。人件費の高い国でのやり方です。日本の児童福祉の流れで作った児童遊園法には、児童指導員を置きなさいと、今でも書いてある。これは人によるサービスを基本にしているので、空間はただの広場だったり、遊具はすべり台くらいしかない。イギリスの場合、それにプレーリーダーがついている。人間によってサポートするというのと、器械によってサポートする、その違いが大きいと思っている。

仙田　私はデザイナーだからモノを創ってきましたが、最初から、モノだけではだめだということがわかっていました。しかし実際には、プレーリーダーやプレイファシリテーターというような一緒に遊んでくれる大人たちは、なかなか職業として成立しない。今はこども環境の安全性が危機的状況となってきているので、今こそ、進士先生が言われているように、ハードだけでなくソフトとしての人材が入ることのできるチャンスであると思います。

進士　そうですね。先程言ったように、日本児童遊園協会の再生として、こども環境学会を位置づければすばらしいかもしれない。タイミングとしては、こども環境の問題があって、少子化の中でこどもの犯罪とか、親の能力不足などの状況の中で、子育てが、社会的責任になってきました。つまり、今まで家庭の問題であった子育てというものを、パブリックがフォローしなければならなくなってきたのです。

また家庭におけるこども環境の崩壊によって、家庭での教育がなくなってしまったのに、こどもの遊び場に関しては、学校教育関係者も触れることができない。そのような意味では、こども環境のスペシャリストを作って、育成するのもいいかもしれない。

□ こども環境に関する体験学習

仙田　東京農大の学生はプレーパークなど積極的に手伝っていましたが、今でもやっているのですか？

進士　今は少ないですけど、私の研究室の女子学生が行っています。

仙田　実際に体験指導と一緒にやるというのについては、農大のカリキュラムの中で、単位としての認定をしているのですか？

進士　これは認定できるようにしました。この4月からクラブ活動とかボランティア活動や自主活動の単位化というのをやったのですが、これはまわりが大反対でした。私の考えでは、とにかく体験が無いから、させなければならない。しかし、若手のまじめな教授が、単位がほしくてやるようではだめだと言うし、クラブ活動の学生まで、単位がほしいだけのいい加減な学生が来ると、活動が停滞すると言って反対しましたが、様々な議論の結果、単位化することにしました。例えば梅ヶ丘の公園でハンコを押してもらえば単位にしてもらうという具合に、年2単位まで認めることにしました。

中津　インターンシップとは違うのですか？

進士　違います。自主的な活動記録をきちんととって、そこの関係者、第三者の署名をもらえばよいというふうにしたので、プレーリーダーとしてやることもできます。私は昔、造園的にこどもをトータルに見ようと、造園児童研究会という研究会をつくりました。その頃は結構学生が集まりました。当時の女の子たちは、母親になるということを意識していたのでしょうが、今の女子学生たちの母性はどうしたのでしょう。自分が子育てに向かうという意識はまだ少ないように見えますね。まだ自分をこどもと考えて、エンジョイすることばかり。こどもを生んで、こどもを育てなければいけないというようなことを言う女子学生は少ないのではないでしょうか。

仙田　そういったことは大学教育で補完しないといけないと思いますね。

進士　それはそうですね。だけど私は大学教育からでは遅い。やはり小学校や家庭から始めるべきかと。

仙田　例えば、中学生に赤ちゃんを抱かせるといった、教育や体験も必要かもしれませんね。

進士　皆、自分の弟や妹の面倒を見て、こどもがかわいいとか、面倒だとか感じてきたわけです。

仙田　中学生くらいだと、赤ちゃんなんて、遠い存在になっていますから。

進士　まず母親教育として、こどもにとってどれだけの原体験が大事か、そしてコミュニケーション能力や自然のふれあいなどを徹底して教育する。母親から改革していかなければ。

仙田　そうですね。今の母親の状況として、子育てそのものを自分の母親から教わることができなかった。さらにコミュニティー社会がないため、おばあちゃんもいなければ近所のおばさんもいない。だからいろいろなことを教わることが出来ないですね。

□ デザイナーとこども環境

中津　短期的、長期的両方の観点からこども環境を支えるものとして、母親の社会環境を改善することの重要性は高まっています。男女平等論とは全く違う観点から母親サポートを考える幼稚園も出てきてますし、多くの保育系大学が子育て支援を、体験学習と地域活動との一石二鳥として始めてますね。

仙田　私は建築家協会の新人賞の審査委員をやったのですが、若い建築家の皆さんは、こどもの視点というものが無いのです。住宅作家でありながらも、その視点が無い人が多いのです。だから建築でも造園でも、デザイン教育の中にそれこそ、子育て的な視点を入れていかなければならないという感じがします。

進士　こどもの存在は、造園家は相当に意識しているとは思うけれども、みんなわかっていて新しく研究しなくてもいいと思っているのかもしれません。反省ですね。

中津　今、さまざまな分野の方々が、いっせいに子育て支援をプログラム化しつつあるのに、何故か、デザインを担当すべき建築界や造園界で新たな議論が巻き起こらないのが不思議ですね。特に都心居住を考える時、こどもの成育空間をどのようにセットアップすべきかという議論は、建築家とランドスケープアーキテクトの対等な立場での議論が必要ですね。

進士　デザイナー界は、ちょっと感度が悪すぎますよね。行政、世田谷区では、「こどもに関する部」をつくって、こども条例もできていますね。今行政は、こどもに焦点をあわせ始めている。

仙田　大学でも、「こども学部」というのができ始めているから、「こども学部」の中にソフト系とハード系ができればいいですね。

進士　そういうのは、大学の経営戦略としてやっているところが多いでしょうが、本当にこども環境のことを考えるのであれば、本気で、ハード系とソフト系両方の教員がバランスよく入っていた方がいいでしょうね。

仙田　今日は、大変興味深いお話どうもありがとうございました。

【進士五十八（しんじ　いそや）プロフィール】

1944年（昭和19年）、京都市に生まれる。東京農業大学農学部造園学科卒業。農学博士。同大学教授、農学部長、地域環境科学部長を経て、1999年から6年間、学長を務める。その間、日本造園学会長、日本都市計画学会長、東南アジア国際農学会長を歴任。現在、同大学教授、同大学院環境共生学専攻指導教授。この他、日本学術会議会員、政府の自然再生専門家会議、社会資本整備審議会臨時委員。NPO法人の日本園芸福祉普及協会理事長、美しい国づくり協会理事長、みどりのゆび理事長、世田谷区教育委員等を兼任。国立公園協会田村賞、日本造園学会賞、Golden Fortune賞、土木学会デザイン賞受賞。専攻は、造園学、環境計画、景観政策。

著書に『アメニティ・デザイン』『緑のまちづくり学』『風景デザイン』『ルーラルランドスケープ・デザインの手法』（以上、学芸出版社）、『造園を読む』（彰国社）、『都市になぜ農地が必要か』（実教出版）、『日本の庭園』（中公新書）など多数。

第6章　自然体験がこどもを育む

1．保護者の共感を得る自然体験：親の遊び心に火をつける

こども環境学会が2004年に設立され、設立大会のテーマは「こどもと環境：都市化の中のこどもたち」で、第2回大会は「こどもの安全と健康のための環境」であった。さらに第3回は関西・西宮市で開催され、その時の大会テーマはまさに本著が主題とする「こどもと自然」であった。

かつて筆者が勤務していた東京学芸大学には、1987年から「野外教育実習施設」があり、農場も敷設されていた。今やその施設は、いくつかの変遷を重ね1994年から環境教育研究センターとして拡充運営されている。そこには、専任教員4名が専従されていて、「環境教育研究部門」「野外教育研究部門」の2部門を、学部や附属学校の多様な教員が兼任するカタチで運営されている。

こどもと自然のかかわりを単に野外活動「アウトドア」としてとらえるだけでなく、多様な意味合いが含まれてきていると思われる。もちろん『アウトドア育脳のすすめ』（瀧靖之著、株式会社山と渓谷社、２０１８年）という本も出版されているが、こども環境学会のこどもと自然のかかわりに関しては、次のようにとらえられている。

関西の西宮市で開催されたときの実行委員長の清水将之氏は大会の意義とその論点を次のように述べている。

「こどもとは何か、とたずねられると、ほとんどの人が戸惑います。当たり前すぎて答えを持ちながら言語化しにくいからでしょう。わが子の幼いころや自分の孫を思い出せば、こどもって純粋無垢でかわいいもの、と思い込みます。

だから、こどもって昔から可愛いものと見られてきたと思いがちです。それに異論を唱えたのが歴史学者P・アリエス（『〈子供〉の誕生』みすず書房）です。彼は、こどもという存在は17世紀まで忘れ去られていたが、18世紀になって発見されたと唱えて衝撃を与えました。おおよそ妥当な見解であることをヨーロッパ文化圏では私も調査しました。だけど、日本ではいささか様相を異にしています。こどもをどう認識するかにも、当然、文化背景が大きな役割を果たしています。

例えば、日欧のこども観を画像で比較検討することで、我々が働いている文化圏におけるこども観を確認したいと考えています。

その上で、〈こどもという存在形式〉が成人とどのように異なるものであるかを考えてみたいと思います。他の哺乳動物とは違って、人間の赤ん坊はすべて未熟児として生まれてきます。自立歩行ができるまでに一年ばかりもの時間を要します。その間、周囲からの全面保護が無かったら、私どもは今を生きていないのです。

だから、子どもは生まれながらにして、

① いのちを尊重される権利、

② 保護される権利、

③ 愛される権利、

④ あそぶ権利を天から与えられている存在である、

と児童精神科臨床医として私は信じています。

あそぶ権利が今のこどもに与えられているかどうか、意見が分かれます。かつて本学会で「こどもの情報文化環境」という分科会が行われました。そこで、テレビジョンがこどもの育ちに好ましく無いというのは迷走であり、これまでに大きな社会変化を人間は乗り越えて今の文化水準に到達したと語る人があり、疑問を抱きました。テレビジョンの前に座っているこども、テレビゲームに熱中しているこどもの前頭前野が働いていないというエビデンスが既に出ていることが無視されているのでしょう。

野原や秘密基地がこどもの情緒発達に不可欠だと強調する人も少なくありません。これには私も賛同します。だけど、冒険広場をたくさんつくれば日本のこどもが健やかに育つと考えるほどに楽天的にもなれません。プレー・リーダーも大切、こどもにあそびを工夫させる術も準備されていなければなりません。」

こうした言葉に続いて、「それにもまして、今のこどもたちの親に遊び心を育てることが第一段階として求められることではないでしょうか。」という「問い」が投げかけられている。

本書においても、その証左となるデータを示しながらこどもと自然との関係性を論じてきている。そこで本章では、「自然体験がこどもを育む」という視点に軸足を移して論じてきたい。

「はじめに」のところで紹介したR・ループ著『あなたの子どもに自然が足りない』（『Last Child in the Woods : Saving Our Children from Nature —Deficit Disorder』）は広く世界では『自然欠乏症候群』として知られているが、日本では２００６年に翻訳されている（今は絶版である）。「自然欠乏症候群」という名称より「自然欠損障がい」と述べた方が良いのではという指摘もある。柳田邦男氏が『壊れる日本人—ケータイ・ネット依存症への告別』（２００４年執筆し、

2007年文庫本化）で指摘しているように、こども環境学会発足時から「異常が『普通』の時代」になっていたのであろうか。

なお、第3回の大会では、「こどもと自然」にかかわる団体が15団体紹介されている。もちろんこども環境学会大会時には、エクスカーションとして、その地域で活動する自然環境団体を体験する場面も多く、また大会の分科会においても多様な取り組みが紹介されている。

例えば、北海道大会（2017年）では、エクスカーションとして会員がかかわる「森で遊ぶこどもたち」のコースで、自然や生きものに触れる「北清の森」の中での実体験で、こどもたちが五感をフルに働かせて感じ、楽しみ、友だちと遊びを相応する場を視察させていただいた。一方、札幌トモエ幼稚園では、豊かな自然に囲まれた高低差が大きい園の敷地を園児とともに歩き自然体験型特任幼稚園の実態を体験している。高齢の会員にとっては少しつらい体験でもあったが、クマにも出会わずに建屋に戻ってきた時の大人の笑顔を忘れることができない。この幼稚園では、家族がみんな登園できて大家族のような人間環境の中で「共に遊び共に育つ」を体現している。朝、お子さんと一緒に登園してきたお母さんのジャンボ滑り台での笑顔は忘れることができない。

こうしたエクスカーションは、大会時の分科会としても設定されている。その1つの分科会として、「困難をかかえるこどもと外遊び」が設定されている。

北海道の大きな自然の中でこどもの外で遊びたい気持ちを体現している先進的な活動事例としては、次の2例がある。

その1つは、「そらぷちキッズキャンプ」は小児がん、神経・筋疾患、小児外科系疾患、心疾患などの医療ケアを必要とするこどもと家族のキャンプについて紹介していただき、病気や障がいをもつこどもたちは、そのことや治療を気にせず、あきらめずに「外で遊びたい」し、「ツリーハウスにも上りたい」のである。その気持ちを汲んで専門的な医療体制を整備して、3か月前から家庭訪問もしてこどものみの参加や家族単位の参加を受け入れている「医療ケア付自然体験施設」は施設・設備はバリアフリー・ユニバーサルデザインを取り入れており、この場で体験したこどもたちは「何でもチャレンジできる」「できないことは一つもない」と明日への生きるエネルギーを獲得しているのである。

2つ目の「ホースコミュニティ」は、北海道浦河町乗馬公園で行われている乗馬療育に関して科学的なデータを交えての取り組みである。こどもたちは馬上での体操やさまざまな姿勢をとる、ゲームなどで色や数、ルールを学習する、騎乗技術の向上、そして厩舎での馬のケア作業などにより、抗重力運動によるバランス感覚や下肢関節の柔軟性などの身体的効果、うつ傾向の改善やストレスの減少（唾液アミラーゼによる測定）などの心理的効果、社会的効果を獲得し、多様な成功体験が意欲の向上につながっている。つまり、好きな感覚を大切にして（センソリーニーズ）楽しく遊び、ストレスフリーで脳が覚醒し、達成感を得て、その積み重ねが意欲の向上につながっていると思われる。

こうした取り組みについて、学会ならではの医学的な視点からのアドバイスを得ながら会員間で意見を交流している。

こどもの脳機能の発達には乳幼児期からの偏らない豊富な刺激が不可欠で、特に、乳幼児期からのアタッチメント形成〈信頼関係の醸成〉は心の安定や自主性、社会性の育みにつながるのである。こどもの成長にとって抗重力運動や自然の中での遊び、こども同士で遊ぶことは、脳や体の発達の土台づくりとなるのである。さらに「子どもは多様性を持つことを理解し、それぞれの子どもの発達の感受性期はダイナミックに変化していくので、そのことを認め合い、子どもの成長をゆっくりと見守る社会が重要」とコメンテータの方からのまとめもいただいている。

従来の常識や枠を超えて、障がいがあろうとなかろうと「子どもの遊びは社会性や意欲的な心を育む」という視点から、運動能力、知的能力、感覚、好奇心・探究心、自立性、社会性などを育み、「内なる自然」ともいうべき精神性・社会性を確立し、「意欲を醸成していく」こと、つまりこども同士、親子、ホースセラピーなど自然・生きものとの協調や競合を含む相互作用で学ぶ高次神経機能の形成にも注目して、こどもたちを支援していくのが大人や社会の役割であり、学会は「その橋渡し」をしていかなければならない、と大会を通して学会員同士の相互理解へとつながっていると実感する。

2．大地を感じる自然体験

札幌市の東部にモエレ沼公園がある。もともとモエレ沼は蛇行した豊平川の一部が三日月湖として残された沼地で、その湿地にかかる橋を渡ると目の前に“beyond the imagination”の風景が広がる。周囲の三方のモエレ沼の水面を合わせて189ヘクタールの広さで、20年以上にも及ぶ不燃ごみの埋立てと公共残土の積み上げによって造成された標高62m（高さ50m）の人工のモエレ山に登ると公園の広さが目に飛び込んでくる。

まずはガラスのピラミッド「HIDAMARI」でモエレ沼公園ミニガイドブック500円を購入し、斉藤浩二氏から公園の施設の概要を伺う。

マスタープラン：イサム・ノグチ、監修：イサム・ノグチ財団、設計総括：アーキテクト・ファイブ、造園：キタバ・ランドスケープ・プランニングで、この会社を立ち上げた斉藤浩二氏にガイド役をお願いした。斉藤氏は工業デザイン畑からランド・スケープデザイナーとして1988年9月から参加している方で、その情熱を秘めた淡々とした話しぶりに参加者一同斉藤氏の後ろから一言も漏らすまいと急ぎ足で歩みを早める。「一つ一つの造形物の意味するところを丁寧に説明してもらいながら見て回ると、一つ一つが有機的につながりはじめ、広がりを持ち始めました。」と参加者の感想にもお人柄が浮かびあがる。斉藤氏のガイドは「プロジェクトX」の物語のようで、イサム・ノグチの想いを引き継いでこの場所を創り、次世代に伝えていくかかわった皆さまの挑戦に感銘を受けました。

青空に緑の濃淡が映えるランドスケープが印象的であったが、次は雪の季節に、真白なモエレ山を散策してみたいと感想もいただいた。その感銘は、「大地の彫刻」としてのモエレ沼公園は「人工の山の稜線を隠さない高さに樹木の高さを抑える、遊具のデザイン性と安全性との問題など素人が普通に見ただけではわからない説明をいただいたことにより景色が違って見えました。」という言葉にも表れていた。

札幌市のゴミ捨て場になっていたモエレ沼の地を、蘇らせたイサム・ノグチの地球彫刻で、「全体がひとつの彫刻、宇宙の庭のような公園」になるようにと考えられおり、こどもたちに捧げられた遊びの大地。見学している我われ大人にも、季節を越えて遊びが広がるようであった。三角形に重なって直線が引いてあるスケッチからこの形を導き出した、黙っていたノグチ氏が席を立った後、残っていた小さな紙の形がこれになりましたなど、斉藤氏からの実施設計に携わった方にしか伺うことができない苦労話はエピソードも交えての興味深いものでした。

モエレ沼公園にはもう一つの山、古代建築を想像させるプレイマウンテンがある。イサム・ノグチが1933年に構想し、1700トンとの香川県牟礼から運んだ花崗岩で制作されて実現している。さらにモエレ沼公園には山だけでなく、海もある。モエレビーチであり、動く水の彫刻としての海の噴水である。「大量の水が静から動へと変化しながら荒れ狂い激しく25mもあがりたたきつける」。

「母親の胎内での無意識の記憶、あるいは海から生まれた生き物としての原始的な感覚」（川村純一・斉藤浩二『イサム・ノグチとモエレ沼公園』学芸出版社）は、海の噴水の周りで水しぶきを浴びないように遊んでいたこどもたちの雄叫びとなっていた。

3．「声なき未来世代」の声を聴くこと

「自然はムカつく」

「自然はゆだんできない」

「自然は一つの未知の生物だ」

「地球は生きていると思った」

「ほとんどの木は地震で倒れなかったのですごい」

「人間に起こせない力を、自然はいっぱいもっている」

という言葉は、阪神淡路大地震で被災したこどもたちに3か月後に調査した時に発せられたものである。


地震でひどい目に遭遇し、自然について「いやなイメージ」を持つこどもと地震であらためて「自然の力の大きさ」に気づき、地球について考えたこどもがいたのである。

恐怖と不安にこどもも大人も大きく揺さぶられた東日本大地震から1年間半がたち、復興へ向けての取り組みの報道が増えてきているが、地域再生や復興にむけてのまちづくりにおいて「子どもの声」を聴く取り組みはほとんどみえてこない。

長年、こどもに自然体験を提供し、実践している方々たちとお付き合いをし、その現場でこどもの目の輝きに出会い、感動を覚えることが多々ある。

その中でも、2008（平成20）年4月に発足し、継続して静岡県湖西市で環境保全や自然観

察、並びにほたるを守る活動行っている『今川こども自然クラブ』でのこどもたちの声は、

「ゲームをするより自然の中で遊ぶのはおもしろい」

「ゲームが無くても自然のモノで工夫すれば楽しい道具が可能できる」

「すずしい森の中でいろんな人と楽しく遊べた」「いつも道路を歩いていたりすると木のあるところにゴミがあって、『いやだなぁ〜』と思ったけれど、拾うことができた。自然を守るためにやった方が良いことに気づくことができた」

「自然の落ち葉を使って肥料を作れることを知った」

など、自然の恵みを生かし楽しみ、守るこどもの姿がある。

この団体は、次のような活動を継続している。
＊ホタルを守る活動：生物調査・川の清掃、ホタル観察会、ホタル以外の生き物の自然観察会
＊水質・生物調査
＊きれいな川を守る活動①：森を守る活動、伐採材でマイ鉛筆づくり
＊きれいな川を守る活動②：森の恵みと植樹、水を汚さない活動、
＊四季を感じる活動：自然素材を活かした作品づくり
など。

このような活動は、ホタルの保護から始まっており、単に、保護するだけでなく、水質を保全し、他の生き物を調査していくこと、河の水質をきれいにするためには森を知り、森づくりへの活動に広がり、こうしたプロセスを通して一緒に活動していく大人が気づき、こどもたちの感性の深化や広がりにつながっているといえる。

こどもたちは教室では学べない自然保護活動の実践や皆で遊びながら自然のおもしろさ、不思議さ、大切さを実感して大人とともに育まれているようである。

「昔の人は今と違うけれど、充実した生活を送っていたのではないか」というこどもの感想に体験から考える発想を教えられた。

幼児期からの身近な自然でのふれあいでこどもはいろいろなことを「つないで」、こどもなりの視点で生きもの界の不思議をとらえているのである。

筆者が関西にあるNPO法人の理事長をしていたとき、NPO法人は単に自然が大事というだけでなく、保育士さんの研修も実施していた。その時に、NPO法人の職員も一緒に身近な公園で4~5歳の幼児とともに遊んでいたとき、セミが羽化できずに公園内の道に落ちていた。

現在の幼稚園教育要綱や保育所保育指針には、健康、人間関係、環境、言葉、表現の5領域で構成され、「環境」が含まれ、自然に触れる実践が行われている。幼稚園・保育所でもこどもたちは自然から多くのことを学んでいる。例えば、環境学習都市宣言を２００３年におこなった西宮市では、２００６年から環境保育を実践し、こどもたちは体験型の環境保育から多くの学びを紡いでいる。

こどもたちは園庭で、あるいは幼保育園の近くの公園でさまざまな生き物の観察をして、生き物に触れ、考えをめぐらせている。

某保育園の公園での会話。こどもたちは溝の中にセミのさなぎを発見し、木につかまらせてあげようとするが、のびた足は上手く力が入らず、下に落ちてしまう。そこでこどもたちは「地面においてあげたら？」「あかん！　だってアリに食べられるかもしれないやん！」「かわいそうやから飼育ケースに入れて飼ってあげようよ！」などなど、こどもたちは彼ら／彼女らの体験にもとづく考えを出しあう。さらにこどもたちは昨年度の経験を思い出す。飼育していたアゲハチョウのさなぎから奇形のチョウが生まれたことを思いだし、「自分で密を吸えないかも……」「他の虫に食べられてしまう」と心配して、外に放つのを止めて、結局チョウは死んでしまった経験を思いだし、セミのさなぎはそのまま自然界に残すことを決めていく。そこで保育士は「何が命を大切にすることにつながるか」という視点で話し合いをもたせる。

話し合いの過程で、こどもたちからは「消えて無くなる」「風で吹き飛ばされる」「雨で流される」「土に帰る」などの意見が出てくる。さらに「アリや他の虫にたべられてるかも」という意見に他のこどもは「食べられるなんて、なんかかわいそう」という意見とともに、「セミはかわいそうやけど、アリさんにとってはごはんになるねんで」という意見も出てきている。

このように、セミの抜け殻を見つけたこどもはかわいそうだから虫かごに入れて助けようとするが、去年も虫かごに入れたけれど上手く育てられなかったこどもの一人が「セミさんはかわいそうやけど、アリさんにとってごはんになるねんで！」と言って、道端の方へセミを移動させていた。

なお、こどもにとって「セミ」は魅力的な生き物である。筆者がかかわっている「自然科学観察コンクール」（某新聞社主催／自然科学観察研究会）では多くのこどもから「セミの不思議」によせまる多くのセミの探究レポートが寄せられている。

こどもは一年前の体験によって「生きものの死」をしっかりと受け止め、さらに言葉では言えないが「食物連鎖」のことも理解していたのである。

こうした価値観やものの見方や考え方の違いを前提にした学びは、こどもは生活世界での体験と観察を確かなものとして生活知として受け入れ、認識と体験を結びつけ、自分の言葉で表現していくのである。こどもの生活経験にもとづく暗黙知の認識を上手に取り入れながら、「自然界の生き物を人間がむやみにつかまえて、命のつながりを壊してはいけない」ことを通して、自然界の食物連鎖を知り、人間界にも当てはめていく基盤が醸成されていくのである。さらにこのような学習は小学校の生活科に引き継がれていくのである。

昔、環境教育のスタディツアーでサンフランシスコにあるCOYOTE POINT MUSEUM for Environmental Education（現在は名称変更）を訪れた時、館内に一歩足を踏み入れると布製の生きものが張り付いた3メートル近くもあるピラミッドの上にイヌワシが蛇を口にして飛んでいる姿が飛び込んできた。張り付いている小さな布製の生きものはボランティアの方々が作成したもので、幼児にも食物連鎖が分かる展示になっていたのが驚きであった。

日本のこどもは絵本で、あるいはテレビなどの映像を通して学習していたかもしれないが、案外と「暗黙知」という、すなわち「生活知」というものを獲得しているかもしれない。

日本では新しい言葉はその概念が曖昧なまま、すぐに流布するが、古くから使われてきた大事な言葉が消えていく。例えば、エコ、ロハスなどカタカナ言葉はマスメディアに取り上げられるが、「がき大将」「川がき」など、こどもの元気さを象徴する言葉はもはや消滅言葉となっているのではないだろうか。こどもの目の輝きを奪っているのは大人かもしれない。

こどもの能力を教室で学んだ知識の蓄積量、つまり量的に測ることのできるものを学力として評価してきているが、こどもの可能性や意欲、関心の広がりなどペーパーテストで測れる学力はこどもの能力の一部にすぎないのではないだろうか。

野外での「水」や「生き物」の体験活動は、こどもの学びを教室に閉じこめておくのではなく、水や生き物に直に触れる体験を通して学ぶことの大切さを大人に教えてくれているととらえたい。

さらに生き物博士としての専門家も必要であることを示してくれる。わからないことがあると専門家にすぐ質問を発し、自分の捕まえたカニと友だちの捕まえたカニとの比較など、教科書で学べないことを直に学ぶこともできることが重要なのである。

たとえば、ヒトデのざらざらした感触や川と海の波や水の違いを皮膚を通して学ぶこと、他のこどもの発言に共感したり、自分の意見との違いを知ったり、学校で学んだ竜王伝説を思い出したり、とても沢山の物語を一人ひとりが紡いでいくゆったりとした学びのプロセスをこどもの活動に添いながら大人も楽しむことが必要なのである。

われわれ人間の身勝手さや欲望のままに生きていることにより生態系に過剰な負荷を与えており、そのことがまた人間という生きものにも影響を与え始めてことに気づき、行動を起こしていかなければならないと考える。人間は「土ｰ植物ｰ動物ｰ人間という食物連鎖に依存して生きている」（アルド・レオポルド著『野生のうたが聞こえる』）のであり、「人間中心主義」から「生物中心主義」への転換が求められている。このことは司馬遼太郎が『21世紀を生きる君たちへ』で述べているように、人間や他の動植物、さらに微生物にいたるまでが空気と水、土などの自然に依存して生きていること、すなわち自然への素直な態度「自然こそ不変の価値」という学びが求められている、といえよう。

4. 自然と教育の素晴らしい取り組み：「ひみつの山の子どもたち」

私の書斎の本箱の片隅に大学教員になりたての頃入手した一冊の本がある。富山和子さん著の「自然と教育」シリーズの『ひみつの山の子どもたち』（講談社、1984年）である。自分で購入したのか、富山和子さんにいただいたかも忘れてしまった本である。

富山和子さんとはどこであったかも忘れてしまったが、この本をご紹介していただいた後、富山さんがライフワークとして継続研究していた「水」に関する取り組みの一環としての日本の稲作風景のカレンダーをお送りいただいていた。

『ひみつの山の子どもたち』の読書対象は小学校・中学年ではあったが、実際の小学校1年生から3年生の授業展開が紹介されている本である。

その後、長野県南駒ヶ岳のふもとにある七久保小学校での授業実践者の溝上淳一先生ともめぐり合い、リアルなこどもたちの自然との触れ合い「自然と仲良しの学習」を伺うことができた。

では、具体的には「ひみつの山」を学びの場として、どのようにこどもたちは学んでいくのだろうか。

溝上先生から富山さんに送られてきた手紙には、「うちは普通の学校のような教科書での学習はしておりません。その替わりこどもたちは「ひみつの山」を持っています。毎日、山へ入り、自然の中でころげまわる生活を通して、学習をしています。」とあったのである。水上先生は山の中で遊びながら理科や社会科の学習、さらに図工や算数、体育の学習にもなりそうと考えて実践しているのである。まさに現在、小学校1、2年生の生活科の授業である。

1年近く暮らして3学期になり、溝上先生は『森は生きている』(富山和子著)を読むことを決め、著者の富山和子氏にお手紙を書くのである。

1年生には難しい漢字など、どのようにして読めるようになっていったのであろうか。山との出会いで自然界の不思議を体験・体感して自ら考えていく、あるいは児童同士で協力し合って学ぶ姿がある。

小さな石が川の流れで押し流されていくし、水の中に立っていると自分たちの身体も動いてしまいそうになる。そこで少し大きめの石を並べて橋を作ろうとするも、4分の3ほどのところで石は流されて橋ができないのである。

つながったところで水は行き場を失い、溢れ出すのである。「海になっちゃった」というこどもの言葉、学年が上がって、プールを作ってみるが台風の後の川の水量が増し、さらに水の勢いに押され河のプールは失敗に終わる。

こどもたちの学びは、教科書では学べない多様性に富んでいる。「ひみつの山の歌づくり」はいろいろなうたづくりにつながっていく。「俳句づくり遊び」は作曲と結びつき、オペレッタでの表現・発表となっている。さらに、ひみつの山を流れる川は川底が深いのであるが、その川はらにお花畑をつくるというこどもたちの階段づくりに発展するのである。建築家の方であれば階段の設計が難しいことはご存知と思うが、こどもたちの願う階段、つまりはしごの設計図づくりへ進み、はじめは粘土で模型をつくるが、うまくいかないながらもこどもたちは挑戦していき、実際の階段をつくり成し遂げるのである。さらにこどもたちはむずかしい漢字にまで興味を広げていく。

こどもたちの行動範囲がひろがり、川はらにある注意書きの「危険」などの難しい漢字や地域の「お不動」の意味と読み方、さらに「蝋燭」とまでいき、「虫偏」から漢字の由来などを探究していく。まさに「総合的な学習の時間」のはしりともいうべき取り組みである。これらの取り組みが成功していのは、先生のこどもたちへの「問いかけ」が素晴らしいことと、ひみつの山や川、地域の探検に始まっているように考える。

最終的にこどもたちの取り組みは、「小さな小さなおうち」づくりに発展し、家の設計図までかいてアカシアの木々に囲まれた「みんなの小さな家」までつくってしまっている。

5.「たんけん・はっけん・ほっとけん」

なぜ、「たんけん」が必要か事例で紹介したい。

この事例は、小学生による「みぞっこ探検」によるこどもたちの環境保全活動である。

1991年文部省（当時）で「環境教育」指導資料策定協力委員として日本各地での小学生の「総合的な学習の時間」の取り組みを収集し、議論している時に浮かびあがってきた事例である。

『環境教育指導資料（小学校編）』（1992年）では、「総合的な活動として行う環境教育の実践例」として『水学習の年間指導計画』とともに「ゆとりの時間を生かした活動」の中で、年間10時間程度の特設時間を設けて全校児童で取り組む活動である。

委員の中に後に滋賀県琵琶湖研究所主任研究員で、その後滋賀県知事になった嘉田由紀子氏から教えていただいたと記憶している。
この事例は、河合隼雄著『こどもおもしろい』（講談社、1995年）でも「みぞっこ探検」として担任の先生へのインタビューとして紹介されている。
授業づくりの当初は、蒲生町くらしを守る推進協議会の方や琵琶湖研究所の方が当たり支援をいただきながら命の源の「水環境学習」づくりがはじまっている。ちょうど「生活科」の科目が学習指導要領に入り始めており
1年生：水と遊ぼう
2年生：生き物を飼う
3年生：使った水はどこへ？
で、3年生で「調べ学習」として「みぞっこ探検」をはじめている。
4年生：琵琶湖を滋賀県の中に位置づけ
5年生：家庭排水の問題へ、ここで暮らしの中に汚染の原因はないのかを探り
6年生：保全の問題に入り、「せせらぎ文化」を再認識させる
という全体の流れになっているが、授業づくり2年目で「みぞっこ探検」は全員実施で、「縦割り班」で行い、そこに地域のご年配のおばあちゃんも参加していただく。

もちろんこどもたちは「排水路マップ」というものを作成して、探検に臨んでいる。そうしたプロセスの中でこどもたちはおのずと環境問題にぶつかっていくのである。「知識」として環境問題を知るのではなく、排水路を調べていくとホタルのエサであるタニシやカワナの居場所が分かり、こどもたちは「新しい技術が環境の問題を解決する」という錯覚ではなく、さらに「自然を守りさえすれば環境問題が解決する」ということではなく、「生きる、生活するということと環境が込みになっている」ことを感知し、さいごには「水の循環」に気がつきはじめ、五感を通して学び、びわ湖研究所でも学び、らせん状につながった思考力を高めていくのである。

つまり、この授業の「たんけん、はっけん、ほっとけん」は「認識、思考、実践」という「深い学び」につながり、担任の先生ご自身が「探検」という未知の世界に入り、こどもたちとともに授業づくりを楽しんでいるように思える取組みである。

6．都心居住のこどもの自然体験はどうなっている

「自然欠乏症候群」という言葉が注目されるように現代のこどものたちの自然体験・野外体験の不足が危惧されてきている。

そこでＮＰＯの方に協力して調査を進めた。その成果を紹介したい。本調査研究（２０１８年12月）では、東京都心居住の４～10歳のこどもと同居している親へのウェブ調査により、仮説を検証していく方法をとっている。

具体的には、①都心居住のこどもたちの実態を把握し、その課題と解決策を提言していくこと、②ＮＰＯ法人「森の学校」の都心のこどもたちへの自然体験型環境教育活動の指針を得ていくこと、である。

そもそもなぜＮＰＯの方々と共同できたかというと、３年前に都心居住のお母さんたちに「こどもの育ちと遊び」をお話をさせていただいたことに始まる。東京の都心にタワマンという超高層居住が始まり、社宅として住まざるを得ないお母さんたちが聴講していた。話が終わり、「こどもをどう遊ばせたらよいかわからない」という母親が泣き出したことに始まる。

⑴　調査の方法と対象者の概要は、次のようになる。

調査は、中央区、千代田区、文京区、港区、江東区に居住の、４歳～10歳のこどもと同居している親で①ＷＥＢによる質問紙調査と②グループインタビュー調査の２方法で行い、本稿では質問紙調査結果に基づいて考察していく。

(2) 調査対象者の概要

回答者：合計410名（男性219名、女性191名）／子どもの年齢：4歳～10歳／職業等：事務系会社員30.3%、専業主婦（夫）22%、技術系会社員13.2%等／居住形態：15階建未満共同住宅51.7%、一戸建て28%、15階建以上共同住宅16.8%

調査は次のような5つの仮説に基づいて調査票を設計し、調査を進めている。

① 子どもの頃の自然体験・野外活動〈以下、自然体験と略す〉の豊かな親は、子どもに多くの自然体験をさせており、豊かな自然体験は和式トイレでしゃがむなどの動きができ、子どもの自己肯定感が高い。

② 子どもの頃の自然体験が少ない親は、子どもにあまり、あるいはほとんど自然体験をさせておらず、親自身、体験・活動の仕方を知らない。

③ 学童期で放課後に多くの時間がある子どもは、自然体験が多い。

④ 仕事や家事で忙しい親や心に余裕のない親は、子どもの自然体験に影響を与えている。

⑤ 現代の子どもの育ちに高い疑問を持つ親は、子どもの自然体験の重要さに興味・関心を持ち、体験の場のニュース・情報を求めている。

(3) 調査結果

先に設定した5つの仮説がおおよそ検証できた調査であった。

具体的には、

仮説①に関して、子どもの頃の自然体験の多い親の子どもは、親子で自然体験をする頻度が多い傾向にある。なお子どもの自然体験が豊富なほど、和式トイレなどでしゃがむなどの動きでき、さらに子どもの自己肯定感（今の自分が好き、自分にはいいところがある）が高い傾向にある。

一方、仮説②に関しては親の自然体験の少ない子どもは自然体験の機会が少なく、その理由は、自然体験が好きでない、内容に関心が無い等となっている。

仮説③に関して、放課後に塾やおけいこ事が少ない子どもの遊びは近所の公園が多く、屋内での読書、屋内でのごっこ遊び、室内での用具を使った遊びとなっている。その遊びを一緒にする人は親やきょうだいで、学校の宿題が多く遊びに行けないといった制約、保育園・幼稚園の子どもの預かり時間の制約を受けているようである。

塾やおけいこ事が多い子どもの方が自然体験を行う頻度が高く、異年齢の子ども同士の遊びで、多様性に富んでいる。

仮説③、④に関して、親の自由時間と親子の体験・活動の関係性はほとんどなく、親が忙しくても親子の自然体験を意識して行動しているといえる。なお、一部の質問項目に関しては、国立青少年教育振興機構の「青少年の体験活動等に関する実態調査」と比較を試みている。

仮説⑤に関して、親の情報源は、検索エンジン、SNS、情報サイトのキーワード検索が多い、という結果となっている。

本調査では、「アンケートに関する感想など」を伺っている。それらの意見は、「自然体験の不足を実感、自然が少ない、思い切って体を動かす機会が減っている、自分に余裕がなく、子どもに機会を与えられていない」など多面的な意見が寄せられている。なお、本調査研究は、独立行政法人福祉医療機構の助成を受けて実施している。

もう少し具体的に述べると、次のようになっている。
(1) 親の自然体験の豊かさと子どもの自然体験の豊かさとの関係：
子どもの頃に自然体験の豊かな親は、自身の子どもに多くの自然体験をさせている傾向があり、親子で1年間にした自然体験の回数が多い家庭の子どもほど、子ども自身の自然体験は豊かである傾向にある。また親の自然体験の豊かな家庭の子どもほど、子どもの自然体験は豊かである。
(2) 自然体験の豊富な子どもの現状：
子どもの自然体験が豊かなほど、和式トイレを使えたり、坂道を登ったり、全身を使う遊びをしている傾向にあり、足腰が鍛えられている。さらに子どもの自然体験が豊かなほど、子どもの自己肯定感が高い傾向がある。

(3) 東京都心の子どもの塾やおけいこ事、遊ぶ場所、遊びの内容や交友範囲の現状：

東京都心の子どもは、塾やおけいこ事に「毎日（5％）」「週5～6日（16％）」「週3～4日（27％）」を合わせると約48％をしめている。さらに塾やおけいこ事に多く行っている子ほど、遊ぶ場所や種類が多様である。塾やおけいこに行っている子どもは、近所や児童館などで知り合った子どもとの交流が多く、異年齢との交流も多い。

(4) 親の自然体験に対する意識とその行動の関係：

日頃から子どもの自然体験に関して少ないと感じている親は、親子で季節を意識した行動をおこしていて、「現在の子どもたちは、自分が子どもの頃に比べて自然体験活動の機会が少ない」と感じている親は、「自分の子どもには、今は自然体験よりも勉強を優先させたい」と考えている親より、親子で一緒に自然体験をする回数が少ない傾向がある。

さらに「現在の子どもたちは、自分が子どもの頃に比べて、自然体験活動の機会が少なくなっている」と感じている家庭は、子どもの自然体験の豊かさが「少ない（52.0％）」をしめている。

(5) 親の忙しさと子どもの自然体験の回数との関係：

親が共働きなどで仕事をしている家庭の方が、親子で一緒に自然体験をする回数は多く、子どもの人数が多いほど、親子で自然体験する回数は増える。
(6) 全国調査と比較すると東京都心の子どもの遊びの内容の現状：

都心の子どもは、「外遊び」を〝何度もする〟割合が、全国の20代から60代の人の子どもの頃と比べて低い傾向にある。特に、「自然の中での遊び」が低い。

さらに東京都心の子どもは、全国の子どもに比べて、すべての自然体験において、〝何度もある〟が少なく、東京都心の子どもの自己肯定感の現状（全国との比較）では、全国と比較して、東京都心は「友達が多い方だ」と感じている子どもは少ない傾向があり、「今の自分が好きだ」と感じている子どもは多い傾向がある。

自由記述では、次のような声が寄せられている。

・自然に触れる機会をあえてつくらないといけない。
・遊び場での遊びの規制がありすぎる。
・広い公園が近所になく、3歳以下の遊具メインの公園ばかり。
・子どもが自然とふれあったり、外を歩いていないことに気づいて驚いた。

という声で、調査をサポートした筆者も驚く声であった。

こうした結果を得て、「親の意識と行動を変えること」を提言したい。

こども環境学会の役割や今後の方針への指針をまとめると次のようになる。
こどもは未来を拓く天才である。

自然とふれあい、
のびのびと心優しく、
好奇心いっぱいに、
たくましく育てよう！

第7章 継承したい日本の自然とのかかわり

——自然への作法

1．日本の風土的特色

日本はアジアモンスーン地域に位置し、亜寒帯から亜熱帯までの気候区分が分布しており、南北差が大きいのが特徴である。また日本の気候は全体的にみると夏と冬の温度差が大きく、夏は高温、多雨、多湿で蒸し暑く、北日本の冬は厳しい寒さであるが、他は中ぐらいの寒さで日照時間が長く、四季があるという特色をもつ。

したがって古くから日本の住まいは、夏を旨として建てられてきている。ヨーロッパの夏が気温や湿度がともに低くしのぎやすいために、冬の寒さを対処する造りであるのと対照的であった。

筆者が生まれた頃の北海道は、マイナス30℃という気温もあり、秋がとても短く、国語の教科書に書かれている短歌の季節を理解するのに苦労したものである。しかし昔にくらべ、都市化の進展により状況は大きく変化している。

一方、地球温暖化の影響による異常気象により日本をはじめ、世界各地で一般的に言われてきていたことが当てはまらない状況が生じてきていることも事実である。

ただ、日本列島は地形的に中央に背骨のような山脈があり、日本海側と太平洋側での天候に差があるともいえる。日本海側から風が吹くのか、太平洋側から風が吹くのかによっても同じ県内にあっても天候が異なるのである。同じ雪国でも少雪寒冷地域では雪に対する防備より、防寒を主として住まいを造り、深雪地域では防寒とともに雪にうずもれた時のために二階に出入り口が設けるよう工夫されていたり、雁木が設けられている。

ある作家は「吹きつけて来る風に面と向かうと、鋭い刃物を当てられたように痛い」（新田次郎）と表現しているが、中国黒竜江州からの留学生は後ろ向きに歩かないと歩けないと述べていた。

北海道や青森県の下北半島には極寒の時期に吹く北北西の季節風を「たば風」というそうである。マグロで有名な大間町に行き、大間崎の約600メートル沖にある周囲約2.7キロメートルの無人島で、ウミネコの保護活動を行っている団体の調査に行った時に伺った話では、この地域の極寒期に吹く風は「たば風」という北西からの季節風の語源は「魂風（たまかぜ）」と言われたことがある。

こうした呼び方一つにしても、日本には風土の多様性が反映されているのではないだろうか。植生ひとつとっても多様で、食文化しかり、住居のカタチ、そして自然の恵みとともに培われた文化は多様性をに富み、世界に誇れると考える。

2．梅原猛「森の思想が人類を救う」

日本の森林面積は国土面積の約7割に相当し、2500万haを占めている。しかし17世紀江戸時代から森林の乱開発により山が荒れ、雨のたびに土砂を下流に押し流し土砂災害が頻繁に起こり、土砂が川に堆積し川が浅くなる。そこで「山川は国の本なり」（熊沢蕃山著『大学或問』、1687年）というように、山川の維持管理を計画的に進められてきたのである。

治山のための基本的な対応策として「山川掟令」により、

・草木の根を掘ることを禁じる、

・河川の上流の木のない山には苗木を植えて土砂の流失を防ぐ、

・川原に田畑をつくり川を圧迫しない、

などの対策が講じられてきていたのである。こうした儒教の考え方にもとづく「人と自然」との関係や「つながり」への認識が現在の日本各地に残されている。

このことは、梅原猛は『森の思想が人類を救う』（小学館、1995年）で、山川は国の本なり、山が荒れ、川浅くなることが国の荒廃につながると述べる。

自然回復力に依存するな、と述べている。すなわち「山川草木悉有仏性」とは、「山川草木」は地球の「自然」で「仏性：仏の心の本源」が真理であると説く。自然界の全てには仏性（真理）が有り、自然界の全ての存在は仏性そのもの、と説き、見えるもの・見えないもの全てのものに生かされている、という。まさに司馬遼太郎が『21世紀に生きる君たちへ』（朝日出版、1999年）で述べていることにつながるのである。

たとえば、平安時代から数多の人々の願掛けや寄進によって植えられ、現代でも桜で有名な吉野山は熊野三山、熊野古道とともに世界文化遺産「紀伊山地の霊場と参詣道」を構成しているが、その金峯山寺の中に水分神社がある。吉野の水分神社はもともと、古代の分水嶺に対する信仰を起源とする神社で、水の分配をつかさどる天之水分大神を主神とする水分神社である。水分は「みくまり」と呼ばれ、「みくまり」が「みこもり」となまって子守明神と呼ばれるようになり、子授けの神として信仰を集めている。

こうした山で生みだされた「水」は命の根源であり、日本人が主食とする稲作の生産には欠かせないものである。縄文後期から日本人は稲作を始めたといわれているが、北アルプスの山からの恵みとしての水は非常に冷たいために、その水を浅瀬の川に導入し、太陽であたためて田んぼに率いるなどの工夫がされてきているのである。

山の神からの恵みとしての豊かな水が春の田にひかれ、田の神として命をつなぐ「稲作の恵み」としての「米」となって秋に収穫され、山に帰るという循環の中に農耕民族の山の神が位置づけられ、秋には山へ神を送り出す祭りが各地域で行われ、各地域の多様なカタチで感謝の気持ちが表現されている。なお東北地方では稲作への作業は山の「雪形」を見てはじめられている。

一方、集落への水の分配なども、河川の無い地域では湧水を利用する仕組みをつくってきている。数年前、新潟県の稲作農家さんへボランティアで出かけ、イネの実生を育てた後のひげ根を家の前の湧水で洗い出し、トレイをきれいにする活動を行ったことがある。もちろん農家さんのおいしい山の幸の食事にありつけるという特権も得ることができた。

その時に、この地域では河川が無く地域の生活の水や灌漑用水として利用している「竜が窪」の湧き水を見せていただいた。竜が窪の周りはブナの木々の美しい色で覆われていた。古くから竜神伝説が伝えられてきた神聖な場所で、毎分30トンもの水が湧いており、約1.2ヘクタールの池の水は1日で全て入れ替わるという吸い込まれそうな水の色であり、日本名水百選にも選ばれているという。

その湧水を集落ごとに分けるための分水道の幅は微妙に異なっていて、古来から日本の「水の管理」には多くの争いごとがあったと思われるが、長年の蓄積の上に「地域の知恵」が働いていることを実感したことがある。

3. 山（森）－里－川－海という自然循環

2014年4月2日、議員立法として水循環基本法が制定された。

その定義は、「①水循環：水が、蒸発、降下、流下または浸透により、海域等に至る過程で、地表水、地下水として河川の流域を中心に循環すること、②健全な水循環：人の活動と環境保全に果たす水の機能が適切に保たれた状態での水循環、すなわち水が人類、国民共通の財産であることを再認識し、水が健全に循環し、そのもたらす恵沢を将来にわたり享受できるよう、健全な水循環を維持し、または回復するための施策を包括的に推進しいく」ものである。関係省庁は、環境省、国土交通省、厚生労働省、農林水産省、林野庁、経済産業省そして外務省となっている。

山（森）ー川ー海ー蒸発ー雨ー山へ降るという水の自然循環のなかで縄文後期から稲作文化を育んできた日本で食糧自給率がカロリーベースで４割を切るという状況下、諸外国から食材を輸入することが他国の水を使用していること（仮想水）に思いをはせることのできる人は少ない。すなわち「食」から想像力を働かせて、水や命、他国との「つながり」を想像できる人は少ないのではないだろうか。さらに地域における水の役割、命の源泉としての水、そして水が再生処理されているること、地球規模でみると水資源が偏在していることなどへの認識の深まりが期待できない状況が広まっている。

地域によっては「里の水」を大事にしたまちづくりを実践している自治体がある。

黒部の地域に多くの自然体験の場があり、暮らしにそれを活かしている。黒部峡谷への自然に触れる親子自然教室などを実施する一方、北アルプスの雪どけ水が美しい扇状地をつくり、きれいな水に充たされた黒部市とその周辺の地域の暮らしは「黒部川扇状地湧水群」に支えられ、山ー河川ー海ー水蒸気ー雨・雪という水循環の中で成り立っていること、その水循環を守り、伝えを学ぶ基本がこの地域にある。

この地域では「清水」は「しょうず」と言われており、地域の方々により守られている。この地域は水循環と２０１４年８月に認定された立山黒部ジオパークから地球規模の大地の成り立ちと現代の暮らしを結びつけて考え・学ぶ・実践することが出来る「学びの場」でもあり、このフィールドを活かしていくことが求められている。

なお、「立山に登れば生まれ変わる。頂上に上ると生きながらにして生まれ変わる」と言われている、という立山信仰がある。山の名称にその名残があるが、「山に入ると死に、拝んで生まれる」として現代では、こどもたちも立山登山が実施されている。

一方、びわ湖の西側にある湖西地域では、地域に流れる針江大川には川底から自噴しているわき水や各家の敷地内で自噴するわき水を生活用水に利用した仕組みを「かばた（川端）」として活用している。なお、この地域では、「生まれる水＝生水（しょうず）」と呼んでいる。

4．自然への作法

自然との共存・共生にはさまざまな矛盾を孕んでおり、折り合いをつけていくためには英知を働かせなければならない。

かつて、きびしい自然のなかで生きていくためには家族、地域が協力し合い、こどもも一人前の働き手として生活の営みを担うのが当たり前の時代があった。しかし今や我々の周りにはその厳しさを想像する片鱗すら見えない。

元環境省のレンジャーであった方から東北地方では昔から小高い2~300メートルの山は「森」というのだと教えられた。そこで思い出すのが宮澤賢治の『狼森と笊森、盗森』という童話である。この童話は賢治の「森の思想」や「自然の恵み」を得ていくときの「作法」が読み取れる内容である。

岩手山の噴火によってできた4つの森に囲まれた原野に4人の百姓が「山と野原の武器」を身体に縛り付けて入植する。この童話では、天変地異、狼や熊からの脅威などの野生が牙をむく「人と自然」との「原始的交渉」を述べているのではないかと考えられる。「畑はすぐ起こせるし、森は近いし、きれいな水も流れている。それに日あたりもいい」「地味はひどくよくはないが、また悪くはない」場所こそ農業を始めることのできる条件であった。「畑起こしてもいいか」「家建ててもいいか」「すこし木をもらっていいか」と森に問い、「いいぞ」という森からの了解を得て開墾を始めている。

道産子として生まれ、北海道での厳しい冬やこどもの頃の自然体験などを振りかえると、さまざまな体験が感性を磨き、育む基礎になっていたのではないかと思える。

環境教育の教員研修で、冷蔵庫が各家庭にない時代、マイナス20度や30度になる北国ではどのようにして野菜などの食材を保存していたか、と質問しても、現代の若い教員はほとんど答えられない。

土の中に埋め、その上を雪で覆い野菜を凍らせないように保存することから、土や雪の性質を学び、かりとったままの羊の毛の油を落とし、毛糸に紡ぎ、染めてセーターを編む。こどもも家族の中で役割を果たすことで暮らしが成り立っていたのである。そして、どんなに厳しい冬も遙か遠くに聞こえる雪が屋根から落ちる音に春の訪れを知り、命の躍動を予感する。

5．人と生きものの関係性の再生を求めて

日本には世界自然遺産が四か所ある。北から知床、白神山地、屋久島、小笠原諸島である。東海大学で教職に就いていた時、大学所有の望星丸で小笠原諸島への環境保全実習に出かけますか、と問われたが、西表島での環境保全実習での外洋の潮の流れの速さに恐れ、辞退したことがある。

ここで述べたいことは、四地域の世界自然遺産の成り立ちが全て異なることである。知床は、季節海氷（流氷）が接岸する北半球における最南端に位置し、海洋生態系と陸上生態系が関係し合う独自の生態系が見られること、そして知床半島の多彩な自然環境は生物多様性にとって重要な地

域を内包し、国際的希少種の生息地や越冬地にもなっていること、などが評価され、2005年、自然遺産に登録されている。さらに登録地域は、陸域だけでなく沖合3キロメートルまでの海域を含む地域で、その面積は、緩衝地帯を含め7万1100ヘクタールと広大で海と川と森が一体となった独自の生態系が育まれている。

白神山地の森の中を歩くと、ふかふかと足の裏の感覚がいつまでも残っている。東京の高尾山を歩くときの感覚とは全く異なる。

そのことをマタギの工藤光治さんは「白神山地は雪に守られているのだ。ブナは自分を守ってくれるこの雪を溶かさないように、芽吹くときに冬芽を保護している芽鱗をたくさん落として地面を覆い、太陽が直接あたらないように工夫もしている。雪はそれでも3月から4月にかけて長い時間をかけてゆっくり溶け、林床の腐葉土に浸透する。森を歩くとふかふかとして気持ちいいのは、この豊富な腐葉土に覆われているから。腐葉土はものすごい貯水力があって、水道の蛇口をひねったぐらいの勢いで幹を伝い落ちる雨の量でもすべてを染み込ませてしまうほど。そして腐葉土に染み込んだ水は、浄化され湧水となって沢に流れる。白神山地の湧水は本当に美味しい」と述べている。(http://www.env.go.jp/nature/isan/worldheritage/環境省HP)

屋久島へは何回か訪れているが、屋久島でのエコツーリズムで自然への作法の大切さを強く意識したものである。縄文杉のところまで登るのにはトイレの問題があり、往復7時間で済む白谷雲水峡を時間かけて歩き、自然の営みを自分の目で確かめ、江戸時代に思いをはせていると、なぜ、屋久杉が残っているのか想像力が働き、人々の暮しの営みと自然とのかかわり、つながりを学ぶとともに、山を降りてくる時に、ふらつく足が20センチくらいに成長した杉を踏みつけ、心のうちで「ごめんなさい」と謝りながら足を運ぶ自分を発見し、体験と経験の意味を見出していた。

2003年当時、屋久島は世界自然遺産に登録されて10周年を迎えている。しかし縄文杉など世界遺産登録地を中心に訪れる人が観光客10万人のうち4万人がオーバーユースの状況で、屋久島は悲鳴を上げている。手つかずの原生林と思われている屋久島の森は実は江戸時代に大量に屋久杉は伐採されているのであるが、なぜ、伐採されていたのか気づく観光客は少ない。有名な縄文杉だけを目当てに訪れる。

屋久島の暮らしは、いつ頃から使い始められたか不明だが、昔から「猿二万、鹿二万、人二万」という共生の思想が日常的に用いられていた、と兵頭昌明氏はいう。さらに江戸時代、薩摩藩の統治時代に屋久杉は屋根材として商品化され、関西地域に出荷されており、屋久島は林業の島で「開放形の経済社会」であったという。そして今、環境の島、癒しの島としての屋久島は「観光」という圧力に「共生の島」の暮らしもゆらいでいる。

日本人の暮らしと自然とのかかわりや山、海、川、水、土と命のつながりへと想像力を働かせ、自然への作法を身につける新たな学びが求められているのではないだろうか。

2005年生まれ故郷である旭川市にある旭川大学の夏期セミナーに参加し、「内なる自然と出会う場所―環境教育の場としての動物園」という話をしたことがある。後に、セミナーの内容は『論、旭山動物園』（旭川大学出版、2008年7月）としてまとめられた。

セミナーに参加したもう一つの理由は、前園長の菅野浩氏の案内で旭山動物園を巡るという魅力的な「フィールドワーク旭山動物園―見る、楽しむ、考える」が含まれていたからである。

そこで学習した一つにヒグマの生態がある。園舎の中に大きな一本の木が立てて設置されていた。その木に向かってヒグマがツメを研いでいる姿を見た。学生時代からの登山や写真撮影でよく北海道の山の中に入っており、若い頃、熊よけの鈴を鳴らして山を歩いていた時、「クマ注意！」と大きく書かれた看板のすぐ脇の木々にクマがツメを立てた傷跡を見つけ、熊鈴の音を大きくしてその場を離れた経験がある。昔からクマに注意して下を見て歩いていることが多かったが、旭山動物園でこのクマの行動を知って以来からは、木々の少し上を見て歩くようになった。

さらに北海道で5月連休を過ぎて某大学の大学院生20人程度で知床五湖をガイド付きで歩いた時、世界自然遺産に登録されている知床半島では、まず、ガイドさんとともにビデオで「クマ学習」を10分程度行い、実際に一人のガイドに10人程度のツアー客がグループで歩くのである。人より高めの草や木々が立て込んでいるところでガイドさんが「ホッホー、ホッホー」と大きな声を出すと、ツアー客は耳をソバたててガサガサという音が聞こえないかどうか、クマがいないことを確認して知床五湖を無事に完走することができた。その間、細い道をガイドさんについて歩いている時に、花を終えた水芭蕉の大きな葉っぱをたくさん目にしたが、その葉っぱが大きな口で食べられた跡を見つけた。

そのことを北海道羅臼での教員研修で受講していた教員に話をすると、「あぁ〜、スカンクキャベツね」と言われ、調べてみるとクマは冬眠から覚めてお腹の中の老廃物を出し、腸内を整えるために水芭蕉の葉っぱや根っこを食べるらしいと分かった。北海道や尾瀬の雪解けの山裾に咲く白い花のイメージとは異なる情景をイメージさせられるのではなく、生態系の不思議さや生きものの命をつなぐ確かさを知ったものである。

一方、現在その旭山動物園と札幌にある円山動物園でオオカミの園舎が設置されていることは余り知られていない。私の父方の曾祖父は屯田兵として北海道に入植している。幼い頃から北海道では生物ピラミッドにあったエゾオオカミが人為的に絶滅に追い込まれたという話を耳にしていた。

具体的な理由は『動物千一夜』（戸川幸夫）で述べられているが、人を襲うという噂と捕獲奨励金により明治20年には北海道での頂点捕獲者としてのエゾオオカミが絶滅してしまうのである。その結果、今や北海道ではエゾシカが増え、さらに外来種のアライグマなどによる生態系の影響も出始めている。

そこで円山動物園では、エゾシカとオオカミの自然環境の中での均衡ある共存関係を学ぶように、さらに旭山動物園では「オオカミの森」での展示を通してオオカミ絶滅の「悲しい物語」を学習してもらうように工夫している。

昔、環境教育のスタディツアーでサンフランシスコにあるCOYOTE POINT MUSEUM for Environmental Education（現在は名称変更）を訪れた時、館内に一歩足を踏み入れると布製の生きものが張り付いた3メートル近くもあるピラミッドの上にイヌワシが蛇を口にして飛んでいる姿が飛び込んできた。張り付いている小さな布製の生きものはボランティアの方々が作成したもので、幼児にも食物連鎖が分かる展示になっていたのが驚きであった。

我々人間の身勝手さや欲望のままに生きていることにより生態系に過剰な負荷を与えており、そのことがまた人間という生きものにも影響を与え始めてことに気づき、行動を起こしていかなければならない。人間は「土ー植物ー動物ー人間という食物連鎖に依存して生きている」（アルド・レオポルド著『野生のうたが聞こえる』）のであり、「人間中心主義」から「生物中心主義」への転換が求められている、といえる。

このことは司馬遼太郎が『21世紀を生きる君たちへ』で述べているように、人間や他の動植物、さらに微生物いたるまでが空気と水、土などの自然に依存して生きていること、すなわち自然への素直な態度「自然こそ不変の価値」という学びが求められている、といえよう。

6．福島県への「こどもの成育の支援」から

２０１５年度こども環境学会では、２０１４年度福島県から受託した「ふくしまっこ遊び力育成プログラム」の普及・啓発のための利用研修と園庭・園内の遊び場改善を進めてきた。その過程で講師からの一方的な講義だけでは「気づき」の喚起はできても、行動変容までに至らない場面を多くみてきた。

そこで、福島県内の園の方々への利用研修とワークショップ（ＷＳと略）によって、こどもの発達と遊び力向上への仕組みづくりへの一提案を行うことを目的として進めてきた。

福島県から委託を受けて進められた「ふくしまっこ遊び力育成プログラム」は、次の課題に応え

るものとして策定している。

①震災以降の福島県のこどもたちが体力低下、肥満傾向であることから、その解消にむけての「こどもの遊び力育成」を目的としていくこと

②こどもの遊び力はこどもの成長に不可欠であり、成長にともなっての「学び」の基礎・基本となること、さらに「自己肯定感」「危機察知能力」「危機管理能力」を育み、不確実性の高い将来への多様な能力・スキル育成につながっていくこと

③単に「運動能力を高める」だけではなく、こどもをとりまく環境が「こどもの遊び（身体を動かす）」を誘発し、結果として「身体能力」のみならず、「精神的な強靱さ」を獲得していき、未来をになうこどもたちが自然や社会の脆弱性に対応できていき、「発達のつまずき」への回復力の獲得につながるものとなること

つまり、遊びは、発達段階にともなって進化し、こどもの身体性、社会性、そして意欲的な心を育て、豊かな人としての成長を保証するという視点から策定してきたのである。

その研修の過程で参加した保育士さんや園長さんへの質問紙調査で「震災以降のこどもの変化に対する意見」、特に「遊びや子どもの運動、身体能力」に関する意見を求めたところ、次のよう

な意見が出された。

①走り方を知らないこどもや遊びの中でのケガが多く、ダイナミックに遊べず、それらが保護者の意識や保育への考え方と連動している。例えば、裸足の保育実践であったのが、裸足で外へ出ることを拒否されたりして室内中心の遊びが増加している。さらに保護者の意識に転ぶことや出来ないことを恥ずかしがる傾向が出現している。

②遊び場の制限によるこどもの意欲が低減している。さらに失敗を含めての体験・経験が不足している。

③保護者の育児能力の低下を危惧する。保護者とのコミュニケーションの取り方も要注意で、園から保護者へ分かりやすい発信が必要である。

④地域での子育てに対する社会環境が変容している。異年齢交流や日常での地域の方々との交流やかかわりの少なさにつながり、騒音問題にも関連して室内遊びが多くなっている。

⑤震災時に1～2歳児であったこどもが無気力・無感動である。自然の中の遊びが出来なくなり伝承遊び・自然遊びやグループ遊び、でこぼこ道や地面を走ること、乾いた砂・しめった砂の感覚などを体験することが途絶えてしまっていると、発達・発育に対する不安の声につながっている。

⑥保育士が不足している

などの声が挙げられていた。

このプロジェクトでは、ワークショップも開催し、保育士さんや幼稚園教員さんが毎日お子さんと接する中での意見を引き出すように心がけて進めてきた。

WSの具体的なねらいは

①保育実践の中で、福島の抱える固有の課題についての認識を共有し、その対策を考える。

②発達段階に対応してこどものあそびや生活のとらえ方、そのための環境設定を考えるで、意見共有のために3ラウンドの「ワールドカフェ方式」を導入した。

ワークショップで実際に出てきたご意見や声は、次のようになる。

(a)保護者への対応、お子さんの体力低下、遊び能力の低下、生活習慣などの意見交換により、参加者が不安を持っていることなどを含めて共有できたことは良かった。刺激をもらえ、話し合うことの大切さを学んだ。

(b)各園ごとに多様な問題や悩みを抱えながらも保育にエネルギーを注いでいること、明日からまたこどもの姿に寄り添ってこどもの成長や成育に努力し、学んだことを活かしていきたい。

(c)こどもの主体性や自主性が遊びや運動に発揮できるように園で対応していきたい。

(d)学童保育や児童クラブの方とも話し合うことが出来てとても良いWSであった。保護者とこどものかかわり方に問題があるのではないかと考えていたことが自分だけでないと知り、前に進む力を得ることが出来、多様な方々と意見交換することの大切さを認識した。

2回目のWSは、某園で行い、教員全員の参加で実施した。

以上から言えることは、こども環境学会が理念とする「遊びで育つこども」の園や地域での研修・ワークショップに関して次のように提言したい。

ア．先生方と一緒に工夫して考える場面で課題が共有でき、課題の解決に結びつく。

イ．年長・年中児との年少児の摩擦の課題について時間帯の調整等ソフト面での対応が可能。

ウ．年少組が年長へのあこがれを生む等のメリットと相互の学び合いというソフト面と、遊具等園内外の環境への直接な働きかけのハード面の両方が必要。

エ．園全体の課題としてとらえることで保育士・教員のモチベーション向上の成果を受けて、学会として「共に学び合う」仕組みの導入による研修、WSの進め方を洗練させていきたい。

モデル園への実際のアドバイスは訪問して進められた。訪問して感じたことは次のように言える。

①当時の被災保育園の現状は一言でいうと、「過剰と不足」であった。被災地への支援として多くの遊具などが送られてきていたが、それらが園児やお子さんが遊ぶ空間に所狭しと並べられていて、こどもの「遊び」を「誘発する」ようには配置されていないことが多かった。

②保育所の園舎および園庭だけではこどもの遊び力育成やこどもの成育はサポートできないので、家庭との連携が不可欠である。しかし保護者自身が遊び方や伝承遊び、また自然の中での遊び方、どこへお子さんを連れて行ったらよいかも判断できていない保護者も多く、ご年配の園長さんの悩みでもあった。

③こどもの物理的な動き、すなわち身体能力だけではなく、社会性の育成、意欲の育成、五感の発達にも配慮したホリスティックアプローチが必要であるので、そうした視点も含めてアドバイスを実施してきたが、ヒアリングにおいては、単に「聞く」ではなく、保育士さんや園長先生方も被災しており不安を抱えながらお子さんたちの「ケア」（養育）に心配りをしているのであるから、養育にかかわる方々の心を「聴く」という姿勢を大事にしていかなければ

ならないと実感した。

④モデル園として応募してきた幼稚園や保育園の事情がそれぞれ異なるので、きめ細やかな対応に配慮して進めてきたが、研修や実際に遊具の移動を共に園全体で実践していくことが保育士さんの意欲向上に波及効果等が期待できるようになった。

⑤こどもの遊びに伴う身体的動きは、遊具（遊誘材の設置場所）や園舎内の遊び環境（遊具、視覚的、動線、雰囲気、インテリア、光線・明かり、身を隠すなど）が相互に関連づけられて構成されているので、保育士さんへはお子さんの自立・自律性の獲得に向かうようにアドバイスし、支援してきた。

以上のアドバイスは子育て中のお母さんへのアドバイスと繋がる視点と考える。

なお、こども環境学会では、2013年2月に学会と福島県で包括連携協定を結び、2013年4月～2014年3月に「震災を踏まえた子育て環境に関する調査研究」を進め、その中で、福島県実施計画づくりの一環として、こどもの参画によるワークショップを開催した。

ワークショップは調査結果をフィードバックしながら次の調査に反映させて行くアクションリサーチの方法で行ない、積極的にこどもたちの意見も求めた。

ワークショップでの一人ひとりのこどもの声には以下のようなものがあった。

「震災をきっかけに地域の方々といろいろなカタチでかかわりがもてた」

「写真や新聞で地域のことや皆の気持ちを表現」

「こういう意見交換は大切で意見は誰もが持っているので、皆で安心・安全に暮らしていけるような環境を築いていきたい」

「共感できる話題が多くあり、こうした場が多い方が良い」

「多くの人の意見を取り入れること、そうすればどうしたら福島が良くなることや何を望んでいるかがわかる」

などなどと述べ、こどもたちの前向きの言葉に調査にあたった大人が逆に励まされた場面もあった。

今、いじめの問題に限らず「声なき未来世代」のこどもの声に耳を傾けることの重要性は増している。こどもの権利条約の基本原則「いのちの権利」を基底として「いじめの問題」においても、「こどもたちの居場所づくり」と「こどもたち自身の力による解決」（荒巻重人「いじめ防止対策推進法の問題点と課題」『教育と文化』73号）に向くように支援をしていくことが求められている。

そうした条件を整えていくことこそ、こども環境学会の役割と考える。こどもたち自身が解決に向けて動いていけるように支えていくためには彼らの意見を知る必要がある。ここに紹介できたこどもの声はほんの一部でしかない。こどもの声に耳を傾けていかなければならないのは、むしろわたしたち大人の方ではないか。敏感に繊細に、こどもの声にこれからも耳を傾けて共に希望ある未来へ向けて共創していきたいと考える。

7. 地域を育てる学びへ

「学び」とは「文化の伝承システム」であり、「地域を捨てる」ことではない。豊かな自然や資源、「生きられた空間」を生かしてこそ、観光客も訪れる。日本は、戦後一貫して「捨てる」文化を育ててきた。そのなれの果てが東京中心の「都市再生」である。

東京都心は古い建物を壊し、生活文化をも捨て、無機的な超高層ビル群に変わりはて、高齢者やこどもの安全や安心を切り捨てた空間を生みだしてきた。産業廃棄物が山林の自然を破壊し、周辺の地方都市をも中心へ巻き込んでいき、日本全体に醜く、金太郎飴のような無機質な景観の都市が出現した。無機的で均質な空間はこどもの行動を荒々しくし、攻撃性を増長させる。

学校知と生活知を統合していく場が「地域」である。学校だけに学びをお任せではなく、「教育」の主体をこどもや地域の大人に取り戻す契機ではないだろうか。変化の激しい時代であるからこそ、地域の記憶を共有し、「場の意味」を媒介としてこどもと大人が共に向き合う学びが場に求められているのであろう。したがって学びの場（空間）は「学校」だけでなく「地域（コミュニティ）」にも広がっていく。

今を生き、未来に生きるこどもたちの学びの場を学校内だけではなく、こどもの声に耳を傾け、その声を聴き、こどもと共に学び、こどもとともに考える場を地域に創ることが求められている。こどもに語りかけ、こどもの話を聴くということは、相手を受け入れていくという受容的な行為で人間関係構築の基本といえる。こどもの思いや願いを感じとり、こどもの話を引き出すきっかけをつくり、こどもの体験や言葉に関心を示し、共感し、感動を分かち合うことが人間関係にリアリティを与え、こどもの生活世界を豊かにする第一歩である。こうした地域と学校が協働するコミュニティ再生の営みは各地に広がっていくことを期待したい。

おわりに

――「足を知る」ということ、「人間的尺度」を取り戻す

旅が好きで、若いときから国内のひとり旅に出かけていた。特に、歴史を感じる場所が好きで、寺院の庭を眺めながら、ゆったりとした気分を満喫していた。長ずるに海外へもよく出かけた。

3・11以降、5月連休に祈りの国ブータンへ出かけた。さすがにひとり旅は無理なので、某大学探検部OB・OG会のメンバーに同行し、海抜3000メートルの高さの場所をトレッキングしてきた。ブータンに興味を抱き始めたのは、昭和天皇の大喪の礼に出席する機会を与えられ、今風に言うとイケメンの第4代目の王、ジグメ・シンゲ・タチュク国王にお会いしたことから始まる。

この4代目国王は、経済発展が国の究極の目的ではなく、「国民総幸福」（GNH：Gross National Happiness）を提唱し、国民の「人生の充足」すなわち「より良く生きる」を大事にしていくという政治理念を実践した方である。

当時、イギリスのレスター大学の調査（2006年）によると178カ国中、1位はデンマーク

でブータンは8位である。日本は90位。教育・医療費が無料で、毎日30分はいつでも、どこでも瞑想すると、心が穏やかになるとガイドさんは言う。

毎日、仕事を定時（5時）に終え、家庭に戻りアラ（蒸留酒）を飲みながら家族と団らんすると言う。どうして日本人は残業が多いの？　なぜ自殺者が多いの？　と多くの質問もされた。

経済成長至上主義や競争原理による市場経済は日本のすばらしい自然を破壊し、自然への畏敬の念をも喪失させてしまい、科学技術万能主義は原発震災をも誘発したと言える。

多くの寺院からお経が聞こえてくる国ブータンで、日本人が昭和30年代まで持っていた「足を知る」価値観を再考し、ゆったりと精神的な豊かさを実感することの暮らしに思いを巡らし、今日に至っている。

旅はバンコックからダッカ経由の飛行機に乗り換え、運良く左側の席でパロに近づくと窓外に世界最高峰のヒマラヤを一瞬見ることができ、ラッキーな気分でパロ・チェ川に平行な滑走路に無事到着という行程であった。祈りの国というのがブータンへ入国しての第一印象。

パワー・ティラーが農道を行き来しており、こどもの頃の懐かしい光景が目に飛び込む。１９６４年に西岡京治氏がコロンボ計画の農業指導の専門家としてＪＩＣＡから派遣されたことに始まるブータンの農業改革は「野菜づくり」と「対話」から始まったという。

インド式開発援助のまっただ中にあって、収穫率を上げた日本式野菜栽培法によりブータンの方からの信頼を得て、さらに焼き畑農業から日本の稲作品種の導入と並木植えによる水田耕作への切り替えによる稲作収穫の向上、休日で道路側からしか視察できなかったがパロにある実験農場、農業機械化センター、種苗センターなどによるリンゴ、アスパラガス、じゃがいも等の栽培指導とパワー・ティラーによる農業の機械化と機械のメンテナンス指導を含め、「幸福の充足」を追究するブータンの農業・インフラ・医療・教育・職業訓練等の基盤を築いたといえる。

ブータンへは、GNH（グロス・ナショナル・ハッピネス：国民総幸福度）に非常に関心を抱いて旅にでた。

その理由は、前述したが4代目王ジグメ・シンゲ・ワチュク国王にお会いしたことからブータンの「国民総幸福度」に興味関心を長年抱いてきたことと、1970年代に民間の研究所で「社会指標」の研究を行っていたこと、さらに3つ目の理由として市場原理主義による日本社会の特に地方の疲弊した姿やシャッター通りが多くを占める地方都市を見ていて、80年代から始まる日本社会のあり方に疑問を持っていたところに、東日本大震災がおこりブータン行きを決意した。

GNHは、①持続可能かつ公正な社会経済的発展、②環境の保全と持続的な利用、③文化の保護と振興、④良い統治、の枠組みで展開されている。ガイドはこの4つの観点を「国の良い統治」

「自然保護」「文化と仏教」「経済発展」と言っていたが、その中でも「生命の質」を大事にする暮らしを強調していたのは印象的であった。

医療・教育が無償で毎日、30分は「いつでも」「どこでも」瞑想すると「心が穏やか」になり、勤務を終え、家庭に戻りアラを飲みながら家族と団らんすることを「生命の質」と言っているようである。「生活の質」ではと思ったが、日本社会では1998年以降年間3万人以上が自殺し、15歳から39歳までの5歳刻みの死因が第1位の日本では家族の絆や人と人とのつながりを確認していく営みを取り戻さなければならない、という意味では「生命の質」といえるのであろう。「歪んだ仕事は歪んだ社会しか生まない」(E・F・シューマッハー)という言葉をかみしめたい。

西ブータンの一部を訪問したに過ぎないが、ブータンの暮らしから垣間見えたのは「人間的尺度と持続可能な内発的な発展」を考えていくことであり、これからの日本社会に必要な「人と人、人と自然、人と文化、人と環境」の関係の再構築への視座を確かなものにしていかなければならないということであった。

本稿を終わるにあたり、第3回こども環境学会〈関西〉大会での大会宣言を採録しておきたい。

＊地域に根ざした身近な自然体験を支援しよう。

＊自然には、すばらしさとともに怖さも存在することを理解しよう。
＊自然の中での〝名もない遊び〟を大切にしよう。

以上の3つの提言に加えて、日本の自然のすばらしさを受け止め、「豊かな感受性」で表現できる「こどもの成育」を願っていきたい。

『はじめに—本書のねらい』でもとりあげた日本の季節の細やかな変化を読み取る「豊かな感受性」で表現した堀明子さんの詩『四季の色』をご紹介して筆をおきたい。

ももいろと
若草色の春がきて
うららかな日々が
楽しくすぎてゆく

えんじいろと
マリンブルーの夏がきて

木々のみどりが
こくなってくる

もみじいろと
黄金色の秋がきて
実りの日々は
とぶようにすぎてゆく

純白と
ゆうやけ色の冬がきて
こごえながら
日々すぎてゆく

小澤紀美子《こざわきみこ》

北海道旭川市生まれ。東京大学大学院工学系研究科博士課程修了（建築学専攻）後、（株）日立製作所システム開発研究所を経て、東京学芸大学名誉教授・東海大学大学院客員教授。工学博士、技術士（地方及び都市計画）。著書として『まちは子どものワンダーらんど ―これからの環境学習』、『まちワーク：地域と進める校庭＆まちづくり総合学習』（風土社）、『持続可能な社会を創る環境教育論 ―次世代リーダー育成に向けて』（東海大学出版会）など。

公益社団法人 こども環境学会 事務局

住所　〒106-0044 東京都港区東麻布3-4-7麻布第1コーポ601
TEL　03-6441-0564　FAX　03-6441-0563　E-mail　info@children-env.org
URL　https://www.children-env.org/

こども環境学会双書 1

こどもと自然

小澤紀美子　編著

2021年6月20日初版発行

編　　集　こども環境学会出版委員会
発 行 者　公益社団法人 こども環境学会
〒106-0044
東京都港区東麻布3-4-7 麻布第1コーポ601
TEL　03-6441-0564
FAX　03-6441-0563
E-mail　info@children-env.org
発 売 元　株式会社 本の泉社
〒113-0033
東京都文京区本郷2-25-6
TEL　03-5800-8494
FAX　03-5800-5353
E-mail　mail@honnoizumi.co.jp
印刷 製本　音羽印刷 株式会社

ISBN978-4-7807-1812-6